外匯交易實驗實訓教程

主　編　趙朝霞
副主編　郭靜林　崔中山

崧燁文化

前 言

在開放經濟不斷深化的全球化經濟體系當中,外匯市場是國際金融最重要的組成部分。由於受到外匯管制的影響,中國外匯交易主要集中在金融機構和政府的外匯保值交易,且交易量也受到較大的限制。隨著中國逐漸成為全球主要經濟體以及人民幣的國際化和自由兌換進程的不斷推進,金融機構的外匯交易種類和方式會更加豐富,交易量也會逐漸增加。同時,外匯交易也將成為投資的重要組成部分,包括外匯衍生交易和個人外匯交易。外匯交易相對於國內股票交易,有其明顯的優勢。無論是在交易時間、交易規則上,還是可操作性上,外匯投資都是更好的選擇。因此掌握外匯交易不僅是現代金融從業人員也是普通的投資人或理財者不可或缺的能力。

本實驗教材主要包括三個實驗模塊,分別從實驗目的、實驗原理、實驗案例和實驗任務來安排外匯交易實驗。實驗原理幫助學生掌握實驗的基礎知識;實驗案例指導學生進行實驗的具體操作;最后,學生根據實驗任務進行新的實驗操作,達到培養具體的動手能力和操作能力的實驗教學目的。

模塊一是基礎訓練，主要介紹外匯、外匯市場以及匯率和匯率行情，其中匯率行情包括了外匯衍生交易和個人外匯交易的匯率行情。

　　模塊二是外匯衍生品交易應用實訓，主要是對外匯遠期、外匯期貨、外匯期權以及貨幣互換交易進行的具體應用的實驗實訓。

　　模塊三是個人外匯交易模擬實驗，包括個人外匯模擬交易的準備、基本面分析、技術分析以及交易技巧和策略。個人外匯模擬交易的準備包括個人外匯交易的基礎知識、交易流程以及交易軟件的操作等。基本面分析對主要的 7 種貨幣、6 組貨幣的影響因素及其特點進行原理介紹，並對匯率走勢基本分析進行實驗操作。技術分析通過 MT4 軟件的技術指標以及基本的技術分析方法對匯率進行分析和預測。而交易技巧和策略是對外匯模擬交易的最后總結以及進一步提高交易能力的必要步驟。

　　本實驗教材兼顧了理論性和實務性，既包括外匯衍生交易也包含了外匯交易的基本面和技術分析。本書在理論性上相較單獨的理論教材要精簡一些，可作為外匯交易理論教材的實驗補充即配套的實驗教材，但精簡而全面的原理介紹，使得本實驗教材也可單獨作為外匯交易實驗課的實驗教材。本教材的實驗實訓內容適合於財經類各專業學生，需要有《金融學》《國際金融學》等前期課程作為基礎。本教材涵蓋了外匯、匯率等基礎知識，外匯期貨、期權等衍生交易工具應用，以及個人外匯交易的基本面分析和技術分析三個方面的內容。本書比較全面地概括了外匯交易的實踐實訓內容，並針對衍生交易、基本面分析和技術分析進行詳細的原理或理論的介紹，為實訓打下堅實的基礎。另外，在學習過程中，不同專業的學生根據自身的需求可以側重不同的實訓項目。

　　我非常感謝曾經教育過我的所有老師教授我知識，感謝我的領導和同事以及我的學生，給予我幫助和鼓勵，感謝我的家人給予我支持。由於我的學識水平有限，書中錯誤和不當之處在所難免，還望專家、讀者不吝賜教，指正錯誤。

趙朝霞

目　錄

模塊一　外匯交易的基礎訓練 ……………………………………………… (1)

　　實訓一　認識外匯及外匯市場 …………………………………………… (2)

　　實訓二　解讀匯率 ………………………………………………………… (8)

模塊二　外匯衍生交易應用實訓 …………………………………………… (20)

　　實訓一　外匯遠期交易應用 ……………………………………………… (21)

　　實訓二　外匯期貨交易應用 ……………………………………………… (26)

　　實訓三　外匯期權交易應用 ……………………………………………… (34)

　　實訓四　貨幣互換交易應用 ……………………………………………… (40)

模塊三　個人外匯交易模擬實驗 …………………………………………… (42)

　　實訓一　個人外匯交易基礎 ……………………………………………… (43)

　　實訓二　個人外匯交易基本面分析 ……………………………………… (70)

　　實訓三　個人外匯交易技術分析 ………………………………………… (94)

　　實訓四　個人外匯交易的技巧策略 ……………………………………… (137)

模塊一

外匯交易的基礎訓練

　　外匯交易的基礎訓練主要包括認識外匯、瞭解外匯市場和解讀匯率，為個人外匯交易和外匯衍生交易實驗提供基礎訓練。本模塊實訓內容分為兩塊：一是認識外匯及外匯市場，主要包括外匯的含義、外匯的符號、世界主要外匯市場及其外匯交易情況；二是解讀匯率，包括解讀各種外匯交易種類的匯率，比如解讀即期、遠期、期權等匯率行情。

實訓一　認識外匯及外匯市場

外匯是指一國以外幣表示的國外資產。外匯市場則是進行外匯買賣或貨幣兌換的交易場所。

一、實訓目的和要求

1. 掌握外匯的概念、功能和分類
2. 熟悉外匯交易主要貨幣，識別各種貨幣的名稱和代碼
3. 瞭解國際外匯市場及各市場的特點
4. 掌握主要外匯市場的交易時間和交易特點

二、實訓原理

（一）認識外匯

1. 外匯的含義和特點

國際上廣泛運用於國際結算支付手段和流通手段的外國貨幣是真正意義上的外匯。並不是所有的外國貨幣都能成為外匯。外匯必須具有外幣性、可自由兌換性、普遍接受性、可償性。

2. 外匯交易的主要貨幣及其名稱和代碼

外匯交易的主要貨幣是美元、歐元、英鎊、日元、瑞郎、澳元和加元。外匯市場主要交易六大貨幣對，分別是 USD/JPY, USD/CHF, USD/CAD, AUD/USD, GBP/USD, EUR/USD（見表1-1）。同時，可自由兌換的外匯也是外匯交易的對象。

表 1-1　　　　　　　　　　外匯交易主要貨幣名稱及其符號

貨幣名稱	貨幣代碼	貨幣名稱	貨幣代碼	貨幣名稱	貨幣代碼
美元	USD	加元	CAD	新西蘭元	NZD
歐元	EUR	澳元	AUD	韓國元	KRW
英鎊	GBP	新加坡元	SGD	瑞典克朗	SEK
日元	JPY	港幣	HKD	丹麥克朗	DKK
瑞郎	CHF	俄羅斯盧布	RUB	挪威克朗	NOK

(二) 外匯市場

1. 外匯市場的特徵

（1）有市無場。

（2）24 小時循環作業。

外匯市場的時間標準為格林威治時間。格林威治時間（Greenwich MeanTime，GMT）是指位於英國倫敦郊區的皇家格林尼治天文臺的標準時間，因為本初子午線被定義在通過那裡的經線。它是英國的標準時間，也是世界各地時間的參考標準。中英兩國的標準時差為 8 個小時，即英國的當地時間比中國的北京時間晚 8 小時。

外匯市場是一個全球性的市場。由於全球各金融中心的地理位置不同，因此亞洲市場、歐洲市場、美洲市場因時間差的關係，剛好連接成一個全天 24 小時連續作業的全球外匯市場（見圖 1-1）。

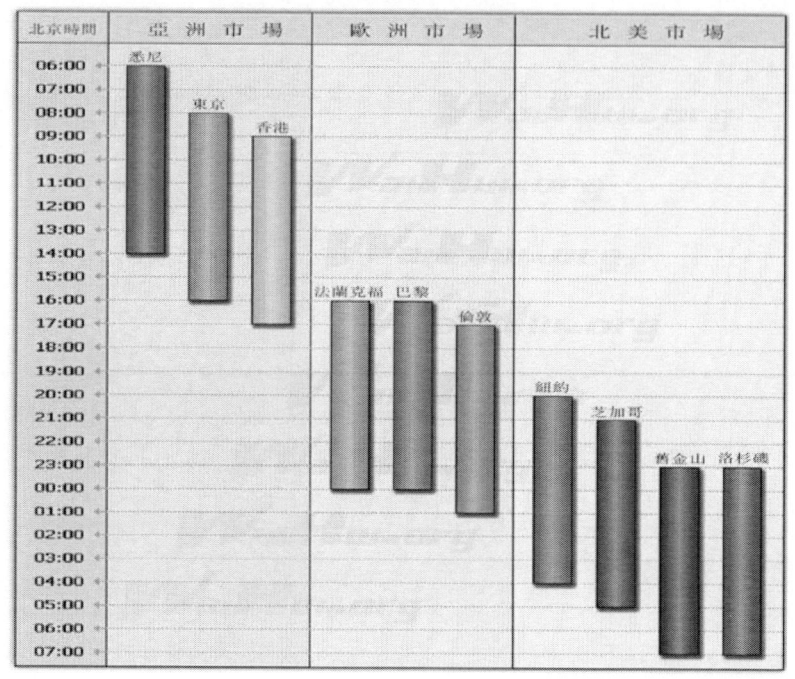

图 1-1　外匯交易時間的連續性

（3）零和游戲。

外匯市場交易的是貨幣對，貨幣對的兩種貨幣總變現為此漲彼跌，因此，交易的總價值不會變化，即總價值始終為零。

2. 外匯市場中的參與者

（1）各國政府或中央銀行。

各國政府或中央銀行是外匯市場的特殊參與者。他們進行外匯買賣不是為了謀取利潤，而是在執行國家金融政策，是為了監督和管理外匯市場，引導匯率向對其經濟有利的方向變動，使之有利於本國宏觀經濟政策的貫徹或符合國際協定的要求。

（2）外匯銀行。

外匯銀行是外匯市場的最主要參與者，具體包括專業外匯銀行和大型商業銀行。外匯銀行擔當外匯買賣以及資金的融通、籌措、運用與調撥，是外匯市場的主體。全球外匯市場由數百個主要交易商以做市商的方式主導外匯行情。他們擁有世界範圍內的大部分外幣存款。做市商業銀行在任何時候都願意買入和賣出它們擅長操作的貨幣。

比如，美國花旗銀行在各國的分行以所在國貨幣的方式擁有存款餘額。當某個交易商賣出外幣時，他只是賣出了其在外國商業銀行中的存款。當他買入外匯時，外國銀行中的存款增加了。外匯市場是銀行存款的買賣而不是貨幣和硬幣的收付。買賣差價就是他們的收入來源。外匯做市商持有一定量的各種貨幣。作為操作者，他們要承擔匯率無法預測的風險。外匯交易集中度頗高，全球排名靠前的做市商占市場份額的絕大部分。因此，外匯市場本質上是銀行間市場。中小型銀行業可能參與銀行間市場，但不是做市商。它們並不維持大量貨幣頭寸，和大型銀行進行買賣主要是為了抵消與顧客的零售交易。

（3）外匯經紀機構。

外匯經紀機構是存在於中央銀行、外匯銀行和普通客戶之間的中間人，以收取佣金作為收入來源，與外匯銀行和普通客戶有著十分密切的聯繫，是外匯市場充分流動的關鍵角色，但自己沒有帳戶買賣外匯。隨著電子信息的發展，越來越多的外匯交易通過電子交易系統進行。

（4）普通客戶。

普通客戶是外匯的最初供應者和最終需要者，包括進出口企業、投資基金、機構、政府和個人。

外匯交易商（做市商）和經紀商把全球範圍內的市場參與者連接成一體，而管理當局作為監管者積極介入，與他們一道為各自的客戶提供外幣的買賣服務，以滿足市場參與者貿易、避險、投融資、政策調整、旅遊等需要。

3. 國際主要外匯市場及其開收市時間

目前，世界上大約有 30 多個主要的外匯市場，最主要的包括倫敦、紐約、巴黎、東京、新加坡、蘇黎世和香港外匯市場。其中，紐約、倫敦、東京是三大國際金融中心，稱為「金三角」。

倫敦外匯市場是全球老牌金融中心，也是開辦外匯交易最早的地方。倫敦外匯市場上的交易貨幣幾乎包括所有可兌換貨幣。規模最大的是英鎊兌美元的交易，其次是英鎊兌歐元、瑞郎以及日元的交易。

紐約市場是全球最活躍的外匯交易市場，因此其投機性比其他外匯市場都要強。

紐約外匯市場是美元的國際結算中心。除美元外，其主要交易的幣種依次為歐元、英鎊、瑞郎、加元、日元等。

在巴黎外匯市場上，名義上所有的外幣都可以進行買賣，但實際上，目前巴黎外匯市場標價的只有：美元、英鎊、義大利里拉、荷蘭盾、瑞士法郎、瑞典克朗、奧地利先令、加元等17種貨幣，且經常進行交易的貨幣只有7種。

東京、新加坡和香港是亞洲主要的外匯市場。東京是亞洲的金融中心，以其巨大的成交量主導外匯市場亞洲時段的行情，代表了亞洲市場參與者的主流觀點。東京外匯市場交易品種較為單一，主要集中在日元兌美元和日元兌歐元。香港外匯市場主要以港元和英鎊的兌換為主。而新加坡以美元為主要交易幣種，且地處歐亞非三洲交通要道，具有時區優越性，上午可與香港、東京、悉尼進行交易，下午可與倫敦、蘇黎世、法蘭克福等歐洲市場進行交易，中午可同中東的巴林、晚上還可同紐約進行交易。新加坡根據交易需要，一天24小時都同世界各地區進行外匯買賣。

表 1-2　　　　　　　　　　主要外匯市場的開收盤時間

地區	市場	當地開收盤時間	非夏令(10月~次年4月) 北京時間 開盤	非夏令(10月~次年4月) 北京時間 收盤	夏令(4月~10月) 北京時間 開盤	夏令(4月~10月) 北京時間 收盤
大洋洲	惠靈頓	9:00~17:00	5:00	13:00	4:00	12:00
大洋洲	悉尼	9:00~17:00	7:00	15:00	6:00	14:00
亞洲	東京	9:00~15:30	8:00	14:30	8:00	14:30
亞洲	香港	9:00~16:00	9:00	16:00	9:00	16:00
亞洲	新加坡	9:30~16:30	9:30	16:30	9:30	16:30
歐洲	法蘭克福	9:00~16:00	16:00	23:00	15:00	22:00
歐洲	蘇黎世	9:00~16:00	16:00	23:00	15:00	22:00
歐洲	巴黎	9:00~16:00	16:00	23:00	15:00	22:00
歐洲	倫敦	9:30~16:30	17:30	00:30	16:30	23:30
北美洲	紐約	8:30~15:00	21:00	4:00	20:00	3:00
北美洲	芝加哥	8:30~15:00	22:00	5:00	21:00	4:00

4. 外匯交易的市場及時間規律（以北京時間為準）

（1）早5~14點行情一般甚至清淡。這主要是因為亞洲市場的推動力量較小。震盪幅度一般在30點以內，沒有明顯的方向，多為調整和回調行情。

（2）午間14~18點為歐洲上午市場，15點后一般有一次行情。歐洲開始交易後，資金就會增加。外匯市場是一個金錢堆積的市場，因此哪裡的資金量大，哪裡就會出現大的波動。而且，此時段也會伴隨著一些對歐洲貨幣有影響力的數據的公布。該時段的震盪幅度一般在40~80點。

（3）傍晚18~20點為歐洲的中午休息和每週市場的清晨，較為清淡。這段時間是歐洲的中午休息時段，也是等待美國開市的前夕。

（4）20~24點為歐洲市場的下午盤和美洲市場的上午盤。這段時間是行情波動最大的時候，也是資金量和參與人數最多的時段。震盪幅度一般在80點以上。在這段時間，行情會完全按照當天的方向去行動，故判斷這次行情就要跟對大勢了。它可以和歐洲是同方向的也可以和歐洲是反方向的。總之，應和大勢一致。

三、實訓任務

（1）請找出中國外匯市場可進行交易的外匯幣種。
（2）請為MT4外匯交易的貨幣對的貨幣符號找到對應的貨幣名稱。

實訓二 解讀匯率

外匯市場交易的匯率都是以貨幣對的形式報價。貨幣對的前一種貨幣是被標價的貨幣。匯率報價並沒有一個被所有外匯市場遵循的慣例，採取哪種報價形式取決於便利和偏好。外匯交易大多涉及外匯衍生品交易，如外匯期貨、期權交易等。

一、實訓目的和要求

1. 瞭解匯率的概念以及匯率的種類
2. 掌握買入匯率和賣出匯率
3. 掌握即期匯率和遠期匯率，掌握基本匯率和套算匯率
4. 讀懂個人外匯交易行情表
5. 掌握各種外匯交易方式的匯率報價方式
6. 掌握貨幣兌換的計算

二、實訓原理

（一）匯率的含義及表示方法

外匯匯率是一國貨幣與另一國貨幣的比價，或者說是以一種貨幣表示的另一種貨幣的價格。因此外匯匯率具有雙向性的特點，既可用本幣來表示外幣價格，也可以用外幣來表示本幣價格。這分別稱為直接標價法和間接標價法。在匯率報價當中，貨幣對分別為報價幣和被報價幣。被報價幣也叫做標準貨幣，報價幣也叫計價貨幣。比如 USD1=CHF1.041,4，USD 為被報價幣或標準貨幣，而 CHF 為報價幣或計價貨幣。

匯率一般以 5 位數來表示，包括 4 位小數。匯率的最小變化單位為 1 點，稱為一個

匯價基點，且 1 點為 0.000,1，即萬分之一。但要注意的是，日元報價當中每 1 點為 0.01。外匯市場匯率報價採取雙向報價法，同時報出買入匯率和賣出匯率。買賣匯率之差稱為點差，即報價者的價差收益，即買入價低於賣出價，而對於詢價者來說，買入價高於賣出價。比如 USD1＝CHF1.041,4/1.043,4，1.041,4 為報價者的買入價、詢價者的賣出價，而 1.043,4 為報價者的賣出價、詢價者的買入價，點差為 20 點。在國際進行外匯交易時，美元是關鍵貨幣，銀行間的報價通常以美元為基準貨幣來表示各國貨幣的價格。因此，美元與其他外匯之間的匯率稱為基準匯率，而美元以外的兩種貨幣之間的匯率稱為套算或交叉匯率。

（二）即期匯率和遠期匯率

外匯市場中 90% 以上的交易為即期交易。即期匯率也稱為現匯匯率，是指即期交易時所採用的匯率。即期匯率是外匯市場上使用最多的匯率，採取雙向報價方法，直接報出匯率的買入和賣出價，一般採取「大數＋小數」的報價法。比如即期匯率為：USD1＝CHF1.041,4/34

遠期匯率也稱為期匯匯率。遠期匯率受時間因素和利率變化的影響，以即期匯率為基礎，可能高於、低於或等於即期匯率，因此用即期匯率的升水、貼水和平價來表示。在外匯遠期交易當中，有兩種報價方法，一種是直接報出遠期匯率全價，一種是只報出遠期匯率與即期匯率之間的差價，而一般差價報價法採用的是點數報價。比如即期匯率為：USD1＝CHF1.041,4/1.043,4，3 個月遠期匯率為：USD1＝CHF1.043,0/1.046,0。此種報價為遠期全價報價法，但如果報出 3 個月遠期匯率 16/26，那麼這為點數報價法。

（三）外匯期貨報價

外匯期貨交易是指在固定的交易場所，買賣雙方通過公開競價的方式買進或賣出具有標準合同金額和標準交割日期的外匯合約的交易。外匯期貨報價主要是指外匯期貨合約的報價。與外匯現貨市場報價不同，外匯期貨的交易貨幣均以每單位貨幣值多少美元來標價，即直接報出一個交易價格，而非雙向報價。比如，外匯現貨市場

USD1=CHF1.041,4，外匯期貨市場上瑞郎期貨合約（6月）的價格則為0.960,2美元，則1CHF=0.960,2美元。

一般會報出合約種類、交易單位、基本點數、最小變動點數以及合約時間。比如，芝加哥國際貨幣市場上瑞郎期貨合約交易單位為125,000英鎊，基本點數為0.000,1，最小價格變動為0.000,1，合約時間以每3個月為一個週期，分別是3、6、9、12月。

(四) 外匯期權報價

外匯期權是以外匯為買賣標的物的期權交易。期權買方通過繳納期權費獲得外匯標的買賣的選擇權，而期權賣方因收取了期權費有義務在買方行權時履行合約。外匯期權有特定的合約交易單位。與外匯期貨相似，是一種標準化的合約，有標準的合約交易單位。採用雙向報價的方法，同時報出期權合約的買價和賣價。國際上外匯期權報價大多採取美元報價的方式，中國外匯期權合約分別在外幣與人民幣貨幣對和外幣對交易中採取人民幣和美元報價。同時，期權費率的報價包括非基準貨幣百分比（Term%）報價和點數報價兩種。外幣對和國際標準一致，採用點數報價。一般看漲期權的期權費遠遠高於看跌期權的價格。國內外匯期權市場為歐式期權。同時，期權費會因執行價格的高低而不同。

(五) 外匯掉期報價

外匯掉期交易是指在買入或賣出即期外匯的同時，賣出或買進同一貨幣的遠期外匯的一種外匯交易。外匯掉期報價就是掉期率。通常報價行只報出掉期率而不報出即期匯率，掉期率報價採取雙向報價的方式，同時報出買入價和賣出價。掉期率買入價表示：報價行願意賣出較近期被報價貨幣和買入較遠期被報價貨幣的價差，詢價行願意買入較近期被報價貨幣和賣出較遠期被報價貨幣的價差。掉期率賣出價表示：報價行願意買入較近期被報價貨幣和賣出較遠期被報價貨幣的價差，詢價行願意賣出較近期被報價貨幣和買入較遠期被報價貨幣的價差。值得注意的是，銀行報出掉期率的買入價和賣出價均為正值，但實際的價差有正有負，因此銀行報出掉期率的買入價和賣出價是價差的絕對值。

三、實訓案例

(一) 外匯即期報價的解讀

利用不同的外匯交易軟件，不同的銀行所報出的即期外匯交易的價格有些差異。有的會同時報出買賣價，有的只報出一個價格，有的從報價行的角度報價，有的從詢價者的角度報價。圖 1-2 中 FOREXPRO 交易平臺行情，是從詢價者的角度報出賣價和買價的，因此賣價低於買價。比如歐元兌美元的報價為買價 1.429,37，賣價為 1.429,16，買價高於賣價。詢價者買入 1 歐元則賣出 1.429,37 美元，買入 1 美元則賣出 1/1.429,16 歐元。而圖 1-3 中中國工商銀行外匯交易行情，則是從報價行的角度報價，買價低於賣價。比如歐元兌美元的報價買入價為 1.437,1，賣出價 1.440,1。工行買入 1 歐元的同時賣出 1.437,1 美元，賣出 1 歐元的同時買入 1.440,1 歐元，獲得 30 點的點差收益。如圖 1-4 中外匯即時行情所示，若只報出一個價格，則一般為詢價者的賣價。報價行的買價，也就是較低的那個價格。比如歐元兌美元的最新價格為 1.124,3，詢價者賣出 1 歐元可以獲得 1.124,3 美元。

货币对	卖价	买价	点差	最高价	最低价	收盘价	波动点数	波幅(%)
EUR/USD	1.42916 ▼	1.42937 ▼	2.1	1.43408	1.42906	1.43327	-41.1 ▼	0.29
GBP/USD	1.63415 ▲	1.63454 ▲	3.9	1.63804	1.63404	1.63722	-30.7 ▼	0.19
USD/JPY	77.788 ▲	77.807 ▲	1.9	77.875	77.640	77.654	13.4 ▲	0.17
EUR/JPY	111.188 ▲	111.212 ▲	2.4	111.579	111.179	111.321	-13.3 ▼	0.12
AUD/USD	1.09768 ▼	1.09794 ▼	2.6	1.10128	1.09763	1.10025	-25.7 ▼	0.23
GBP/JPY	127.125 ▼	127.174 ▼	4.9	127.418	127.085	127.145	-2.0 ▼	0.02
EUR/CHF	1.14732 ▼	1.14771 ▼	3.9	1.14937	1.14710	1.14839	-10.7 ▼	0.09
USD/CAD	0.95096 ▲	0.95128 ▲	3.2	0.95128	0.94851	0.94913	18.3 ▲	0.19
EUR/GBP	0.87438 ▼	0.87469 ▼	3.1	0.87617	0.87432	0.87523	-8.5 ▼	0.1
USD/CHF	0.80271 ▲	0.80298 ▲	2.7	0.80299	0.80060	0.80104	16.7 ▲	0.21
GBP/AUD	1.48846 ▼	1.48906 ▼	6.0	1.48942	1.48622	1.48732	11.4 ▲	0.08
AUD/JPY	85.384 ▲	85.422 ▼	3.8	85.641	85.381	85.443	-5.9 ▼	0.07

圖 1-2　FOREXPRO 交易行情

行情報價區

幣種對	升降	買入價	賣出價	中間價	最高價	最低價
歐元/美元	↑	1.4371	1.4401	1.4386	1.4400	1.4346
澳元/美元	↑	1.1031	1.1061	1.1046	1.1056	1.0986
英鎊/美元	↑	1.6455	1.6485	1.6470	1.6477	1.6388
美元/日元	↓	77.84	78.14	77.99	78.05	77.10
美元/加元		0.9502	0.9532	0.9517	0.9559	0.9507
美元/瑞郎	↓	0.7929	0.7959	0.7944	0.7955	0.7903
美元/港幣		7.7913	7.7943	7.7928	7.7941	7.7924
美元/新元	↓	1.2007	1.2037	1.2022	1.2053	1.2016
黃金/美元	↓	1611.9	1612.2	1612.05	1625.70	1606.75

圖 1-3　中國工商銀行個人外匯交易行情

代碼	名稱	最新價	漲跌額	漲跌幅	開盤
EURCNY	歐元人民幣	7.3136	-0.0009	-0.01%	7.2941
EURUSD	歐元美元	1.1243	0.0021	0.19%	1.1222
EURGBP	歐元英鎊	0.7787	0.0000	0.00%	0.7790
EURCHF	歐元瑞郎	1.0982	0.0000	0.00%	1.0980
EURJPY	歐元日元	124.98	-0.49	-0.39%	125.28
EURAUD	歐元澳元	1.4595	0.0042	0.29%	1.4551
EURCAD	歐元加元	1.4256	0.0039	0.27%	1.4223
EURHKD	歐元港幣	8.7214	0.0155	0.18%	8.7120
NZDEUR	新西蘭元歐元	0.6099	-0.0001	-0.02%	0.6089

圖 1-4　外匯即時行情

中國各外匯銀行的外匯牌價表中的價格是人民幣與外匯的交換價格，如圖 1-5 所示。一般報出 0.01，兩位小數位，基礎是 100 外幣。買賣價格包括現匯和現鈔兩種，買價始終低於賣價，價差是銀行買賣外匯的收益。如圖 1-5 中國工商銀行外匯牌價表所示，美元報價，中國工商銀行賣出 100 美元的價格是 649.88 元人民幣，買入 100 美

元現匯的價格是 647.41 元人民幣，買入 100 美元現鈔的價格為 642.74 元人民幣。

幣种	現匯買入價	現鈔買入價	賣出價
美元(USD)	647.41	642.74	649.88
港幣(HKD)	83.43	82.82	83.73
日元(JPY)	6.1002	5.9435	6.1412
歐元(EUR)	746.67	727.50	751.69
英鎊(GBP)	943.86	919.62	950.20
瑞士法郎(CHF)	680.53	663.05	685.10
加拿大元(CAD)	511.68	498.54	515.12
澳大利亞元(AUD)	486.07	473.59	489.34
新加坡元(SGD)	479.17	466.87	482.39
丹麥克朗(DKK)	100.34	97.76	101.01
挪威克朗(NOK)	80.15	78.09	80.69
瑞典克朗(SEK)	80.99	78.91	81.53

圖 1-5　中國工商銀行外匯牌價表

(二) 外匯遠期報價的解讀

表 1-3 中英國某銀行外匯遠期報價，為美元兌其他外匯的遠期匯率報價，即報出即期匯率和遠期差價。比如英鎊兌美元，即期匯率為 1.566,0/70，1 個月遠期差價為 82/80，則 1 個月遠期英鎊兌美元的匯率為 1.557,8/90。

表 1-3　　　　　　　　　英國某銀行外匯遠期報價

	spot	1 mth	2 mths	3 mths	6 mths	12 mths
GBP	1.566,0/70	82/80	150/145	221/216	400/390	593/582
DEM	2.048,0/90	55/48	108/99	157/147	304/289	588/558
CHF	1.700/20	35/30	65/60	95/90	187/170	370/340
FRF	7.835,0/00	57/67	105/130	132/150	210/240	325/375
JPY	124.30/60	60/53	112/103	163/152	364/348	565/535
EUR	0.928,3/98	11/16	17/23	25/31	36/46	78/98

(三) 外匯期貨行情的解讀

如表 1-4 中芝加哥商業交易所的英鎊的期貨合約行情所示，交易貨幣後面的數字代表該種貨幣期貨合約的交易單位，英鎊期貨合約的交易單位是 62,500 英鎊。「$ PER POUND」表示下面的數字為每一英鎊的美元數，如 1.429,6 表示每 1 英鎊合 1.429,6 美元。「open, high, low」分別指行情報價當天的開盤、最高和最低價，「settle」指結算價格，「change」指漲跌數，「lifetime high, low」指合約開始交易至報價當天所達到的最高價和最低價。比如 6 月份到期的英鎊期貨合約的最高價曾達到 1.910,0，而當天的最高價則是 1.425,0。「Open interest」為未平倉合約數，即交易者在成交后尚未做對沖交易或實物交投的期貨合約。

表 1-4　　　　　　　　芝加哥商業交易所的英鎊的期貨合約行情

	Open	High	Low	Settle	Change	Lifetime High	Lifetime Low	Open interest
	BRITISH POUND (CME) -62,500pds.; $ PER POUND							
Mar	1.429,6	1.434,6	1.418,0	1.422,4	-0.005,2	1.940,0	1.418,0	41,833
June	1.413,0	1.425,0	1.409,0	1.413,6	-0.005,2	1.910,0	1.409,0	1,377
Sept	1.409,5	1.412,5	1.402,4	1.402,4	-0.005,0	1.558,0	1.407,0	136

(四) 外匯期權交易行情解讀

表 1-5 中外匯期權報價，包括貨幣對、種類、到期日、執行價格、現價、買入價和賣出價以及開盤、最高和最低。執行價格為期權到期執行合約時貨幣對的交易價格。現價為貨幣對的即期匯率。買入價和賣出價則為期權費也就是期權合約的價格。通常報價行買入價低於賣出價，詢價者買入價高於賣出價，因此表 1-5 的報價是針對詢價者的報價。同時，期權合約的報價有兩種方式：百分比和點數報價。其中，AUDUSD 的期權合約採用百分比報價法，而 EURUSD 採用點數報價法。比如標的為 AUDUSD、到期日為 2012 年 9 月 19 日的看漲期權買入價和賣出價分別是 2.585,0 和 2.465,0，則買入該合約的期權費為 2.585,0%，賣出該合約的期權費為 2.465,0%。標的為

EURUSD、到期日為 2012 年 9 月 19 日的看跌期權買入價和賣出價分別是 25.67 和 14.32，則買入該合約的期權費為 25.67 * 0.000,1 * 100% = 0.256,7%，賣出該合約的期權費為 14.32 * 0.000,1 * 100% = 0.143,2%。而圖 1-6 中歐元兌美元的外匯期權行情當中，直接報出的是實際的期權費，比如標的為歐元兌美元、到期日為 2016 年 5 月 25 日，且執行價格為 1.110,0 的看漲期權的期權費為 0.020,91，即 2.091%。

表 1-5 外匯期權報價

貨幣對	種類	到期日	執行價格	現價	買入價	賣出價	開盤	最高	最低
AUDUSD	看漲	20120919	1.020,0	1.045,4	2.585,0	2.465,0	2.345,7	2.594,7	2.345,7
AUDUSD	看跌	20120919	1.020,0	1.045,4	0.092,2	0.000,7	0.102,1	0.102,1	0.091,7
EURUSD	看漲	20120919	1.270,0	1.285,6	182.33	171.12	179.74	184.87	175.17
EURUSD	看跌	20120919	1.270,0	1.285,6	25.67	14.32	26.94	27.67	25.47

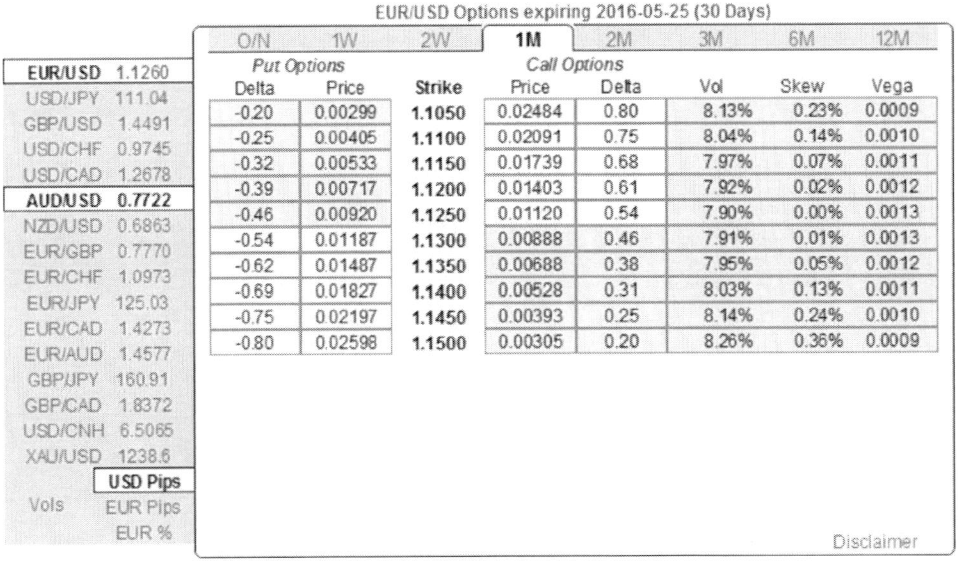

圖 1-6 標的為歐元兌美元的外匯期權行情

(五) 外匯掉期交易行情解讀

掉期報價報出即期匯率、可掉期的近端掉期點和遠端掉期點、雙向掉期率。如表1-6中歐元兌美元掉期報價所示，即期匯率為1.313,3/1.317,7，近端掉期點為1M匯率：18.69/18.88，遠端掉期點為3M匯率：56.68/56.99，掉期率為：37.81/38.30。若進行1個月和3個月的遠期掉期的話，則掉期的結果為掉期率。報價行存在兩種掉期方式，賣出1M遠期歐元的同時買入3M遠期歐元合約，或買入1M遠期歐元的同時賣出3M遠期歐元合約，而掉期買入價位為37.81，掉期賣出價為38.30，則賣出1M遠期歐元的同時買入3M遠期歐元合約的掉期結果是獲得37.81點的損益，買入1M遠期歐元的同時賣出3M遠期歐元合約的掉期結果是獲得38.30點的損益。從匯率的升貼水來看，歐元在遠期升值，因此歐元兌美元掉期報價中，報價行獲益的掉期率為38.30。

表1-6　　　　　　　　　　歐元兌美元掉期報價

	EUR. USD	
	bid	offer
spot	1.313,3	1.317,7
1M	18.69	18.88
3M	56.68	56.99
（1M/3M）	37.81	38.30

四、實訓任務

(一) 個人外匯交易行情的解讀

趙先生通過MT4軟件進行外匯交易。根據趙先生的預測，歐元會貶值，英鎊會升值，日元會升值。考慮對這兩個貨幣對進行交易，請根據圖1-7中MT4軟件外匯行情，指出趙先生將如何交易兩組貨幣對，及其交易的市價是多少？

交易品种	卖价	买价
EURCZKpro	27.0330	27.0570
EURDKKpro	7.44011	7.44254
EURGBPpro	0.77790	0.77887
EURHUFpro	309.953	310.962
EURJPYpro	125.489	125.525
EURNOKpro	9.24110	9.26250
EURNZDpro	1.63657	1.63857

圖 1-7　MT4 軟件外匯行情

(二) 外匯遠期交易行情的解讀

客戶趙先生是日本某貿易公司的員工。他向美國進口一批商品，需要 6 個月之后付款。為了規避匯率風險，趙先生通過外匯遠期交易來固定其進口成本。根據表 1-3，請問 6 個月的遠期匯率的買入價和賣出價分別為多少？趙先生結匯時使用的具體匯率是多少？

(三) 外匯期貨交易行情的解讀

根據圖 1-8，2016 年 9 月到期的英鎊期貨合約當天的價格是多少？9 月份到期的歐元期貨合約的價格是多少？期貨合約的價格走勢如何？相對現貨市場，7 月 12 日的日元期貨價更高還是更低？請登錄網址 http://www.cmegroup.com/trading/fx/ 查看 CME 外匯期貨行情。

Product	Code	Contract		Last	Change	Chart	Open	High	Low	Globex Vol
British Pound Futures	6BU6	SEP 2016	OPT	1.3250	+0.0236		1.3010	1.3256	1.2983	131,177
Euro FX Futures	6EU6	SEP 2016	OPT	1.10970	+0.0012		1.10880	1.11550	1.10800	122,190
Japanese Yen Futures	6JU6	SEP 2016	OPT	0.0095640	-0.0001875		0.0097510	0.0097835	0.0095635	163,390
Australian Dollar Futures	6AU6	SEP 2016	OPT	0.7611	+0.0095		0.7514	0.7619	0.7512	82,066
Mexican Peso Futures	6MU6	SEP 2016	OPT	0.054270	+0.000500		0.053690	0.054370	0.053690	24,652
New Zealand Dollar Futures	6NU6	SEP 2016	OPT	0.7277	+0.0085		0.7189	0.7292	0.7183	19,696
Brazilian Real Futures	6LQ6	AUG 2016	OPT	0.30360	+0.00285		0.30070	0.30430	0.30070	1,187

圖 1-8　2016 年 7 月 12 日 CME 外匯期貨行情

(四) 外匯期權交易行情解讀

（1）客戶趙先生已在現匯市場買入美元賣出加元。趙先生打算通過買入期權來規避匯率風險，那麼，趙先生買入期權所支付的期權費率是多少（外匯期權報價如表 1-7 所示）？

表 1-7　　　　　　　　　　外匯期權報價情況

貨幣對	種類	到期日	執行價格	現價	買入價	賣出價
USDJPY	看漲	20160919	109.01	110.97	0.139,7	0.019,7
USDJPY	看跌	20160919	109.01	110.97	4.750,0	4.636,6
USDCAD	看漲	20160919	1.224,1	1.267,6	200.01	186.01
USDCAD	看跌	20160919	1.224,1	1.267,6	50.44	35.11

（2）圖 1-9 為 2016 年 9 月到期的英鎊期權合約 2016 年 7 月 12 日的行情表。請問期權合約的執行價格採用的是什麼報價法？執行價格為 12,850.0 的期權合約的看漲期權費是多少？請登錄網址 http://www.cmegroup.com/trading/fx/查看 CME 外匯期權行情。

Calls									Puts							
Updated	Hi / Low Limit	Volume	High	Low	Prior Settle	Change	Last	Strike Price	Last	Change	Prior Settle	Low	High	Volume	Hi / Low Limit	Updated
09:13:31 CT 12 Jul 2016	No Limit / 0.0001	1	0.0489	0.0489	0.0396	+0.0093	0.0489	12800.0	0.0119	-0.0063	0.0182	0.0119	0.0136	26	No Limit / 0.0001	10:05:18 CT 12 Jul 2016
09:13:31 CT 12 Jul 2016	No Limit / 0.0001	32	0.0453	0.0419	0.0364	+0.0089	0.0453	12850.0	0.0143	-0.0057	0.0200	0.0143	0.0150	27	No Limit / 0.0001	09:13:31 CT 12 Jul 2016
09:13:31 CT 12 Jul 2016	No Limit / 0.0001	16	0.0418	0.0414	0.0333	+0.0085	0.0418	12900.0	0.0157	-0.0062	0.0219	0.0157	0.0165	83	No Limit / 0.0001	09:13:31 CT 12 Jul 2016
09:13:31 CT 12 Jul 2016	No Limit / 0.0001	0	-	-	0.0304	-	-	12950.0	0.0161	-0.0079	0.0240	0.0161	0.0171	26	No Limit / 0.0001	10:15:49 CT 12 Jul 2016

圖 1-9　CME 英鎊的美式期權行情

(五) 外匯掉期交易行情解讀

首先，請將英鎊兌美元即期與 6M 掉期的掉期率和 6M 與 12M 掉期的掉期率填入表 1-8 中。

請問客戶趙先生想通過外匯掉期交易來獲利，進行即期與 6M 遠期進行掉期，可獲利多少點？

表 1-8　　英鎊兌美元掉期報價

	GBP. USD	
	bid	offer
spot	1. 576, 0	1. 577, 0
6M	60	40
12M	90	70
(spot/6M)		
(6M/12M)		

模塊二
外匯衍生交易應用實訓

　　外匯衍生交易主要包括外匯遠期、外匯期貨、外匯期權、外匯掉期。在模塊一已經介紹過各交易方式的匯率報價。該模塊側重外匯衍生交易的應用，即外匯市場參與者在外匯市場中通過外匯衍生工具買賣外匯。不同的交易者會基於不同的目的在外匯市場中進行外匯衍生交易，或保值或避險或投資。

實訓一　外匯遠期交易應用

一、實訓目的和要求

1. 掌握外匯遠期交易的概念和種類
2. 熟悉外匯遠期交易的操作
3. 瞭解擇期外匯交易和無本金交割遠期交易的含義和特點
4. 掌握外匯遠期交易業務操作及應用
5. 掌握外匯遠期互換交易的含義及操作

二、實訓原理

1. 外匯遠期交易的概念和特點

起息日：成交后的第二個營業日。

交割日：「日對日」「月對月」「節假日順延」「不跨月」。

特點：遠期外匯合約中的匯率、交割方式、金額等由交易雙方自行協商確定；信用風險較大，很難規避違約風險，實際上銀行間的標準化的遠期外匯交易基本沒有信用風險。

2. 外匯遠期交易的種類

按期限分：外匯遠期交易的期限可由交易雙方協商確定，但標準化的合約的期限包括：T+0，T+1，1D，1W，2W，3W，1M，2M，3M，4M，5M，6M，9M，1Y，18M，2Y，3Y等。

按方式分：固定交割日遠期交易、擇期外匯交易、可敲出遠期交易、無本金交割

遠期交易。

（1）固定交割日遠期交易，是指交割日期固定的遠期外匯交易活動。其特點在於交割日一旦確定，交易雙方的任何一方都不能隨意變動。通常所說的外匯遠期交易就是固定交割日的遠期外匯交易。

（2）擇期外匯交易，是指在做遠期交易時，不規定具體的交割日期，只規定交割的期限範圍。在規定的交割期限範圍內，客戶可以按預定的匯率和金額自由選擇日期進行交割。擇期包括部分擇期和完全擇期。部分擇期確定交割月份但未確定交割日。比如，5月20日，A公司與B銀行達成一筆3個月的擇期外匯交易，約定8月份進行交割，則A公司可以在8月1日至8月22日的任一個營業日內向B銀行提出交割。完全擇期是指客戶可以選擇雙方成交后的第三個營業日到合約到期之前的任何一天為交割日。比如，上例中A公司可以選擇從5月23日至8月22日這一段時間的任一個營業日向B銀行提出交割。

（3）可敲出遠期交易，是指買賣雙方簽訂遠期合約，一方可在交割日按照優於正常遠期匯率的價格，買入或賣出約定數量的貨幣。上述遠期合約得以實現的前提條件是：雙方設定一個「敲出」匯率，如果在交割日前市場即期匯率未觸碰過該「敲出」匯率，那麼上述合約得以履約；否則上述合約自動取消。例如：某企業需於2007年6月支付貨款150萬歐元，而收入貨款為美元，企業面臨歐元升值的風險，該企業可以敘做遠期產品來固定成本。按照市場價格，歐元/美元即期匯率為1.329,0，3個月遠期價格為1.334,0。企業認為遠期報價較高，希望等待更好的價格購買歐元，但是也就會面臨風險敞口。這時就可以採用可敲出遠期交易。即可鎖定遠期匯率在1.330,0，敲出匯率在1.410,0。如果在交割日前市場匯率從未碰觸過1.410,0，那麼客戶可以按照1.330,0的價格購買歐元（比即期價格高10個點，而比遠期價格低40個點）；否則，合約自動取消。交易完成后的3個月中，歐元兌美元匯率始終持續在一個窄幅區間波動，未觸碰過敲出匯率1.410,0。企業最終在交割日以1.330,0的價格購入歐元，企業非常滿意。

（4）無本金交割遠期交易，又被稱為海外無本金交割遠期或者差額清算遠期（NDF），是指交易雙方在起息日按照約定的遠期匯率和定價日匯率的差額進行結算的

遠期交易。其多採用新興市場國家的貨幣，以美元結算。為對新興市場國家貨幣進行套期保值，外企利用 NDF 進行套期保值。外企中也有不少企業利用 NDF 貼水程度超過美元貸款利率幅度進行美元貸款以牟利。同時，這可用來預測（外匯管制國家的貨幣）匯率走勢。差額清算遠期交易中確定使用軋差的即期匯率的日期通常是起息日前的第二個營業日。比如：機構 A 在 2009-05-19 與機構 B 成交一筆 2M 差額清算遠期交易，約定機構 A 在 2009-07-21（起息日）以 USD/CNY = 6.831,3 的遠期價格向機構 B 購買 USD 10,000,000，並約定清算貨幣為 CNY。2009-07-17（定價日），USD/CNY 的即期匯率為 6.831,0，A 需要在 2009-07-21（起息日）向機構 B 支付 CNY（6.831,3-6.831,0）* 10,000,000 = CNY3,000。

3. 外匯遠期交易的功能和應用

保值：進出口商預先買進或賣出期匯以避免匯率變動風險；外匯銀行為了平衡遠期外匯持有額而交易；短期投資者或定期債務投資者預約買賣期匯以規避風險。

投機：投機者利用外匯市場匯率漲落不一，純粹以賺取利潤為目的進行外匯交易。投機者一般通過先賣后買和先買后賣兩種方式謀取差額利潤。

掉期交易：可以通過即期與遠期或遠期與遠期之間的互換進行掉期交易，目的是利用不同期限的遠期匯率之間的價差進行套利，調整起息日和規避風險。客戶敘做遠期外匯交易后，因故需要提前交割，或者由於資金不到位或其他原因，需要展期交割時，都可以通過敘做外匯掉期交易對原交易的起息日進行調整。

三、實訓案例

（一）進口企業運用遠期避險保值

2016 年 6 月底外匯市場行情為：即期匯率 USD1 = JPY109.11/16，3 個月遠期匯率 USD1 = JPY108.50/56，6 個月遠期匯率 USD1 = JPY108.30/36。一美國進口商從日本進口價值 10 億元的貨物，3 個月后支付。進口商為了規避匯率風險，通過買入 3 個月日元遠期交易來進行套期保值。無論三個月后匯率如何變化，進口商將以 108.56 的匯率買入 10 億日元。如果三個月后匯率低於 108.56，那麼進口商成功規避了風險；如果三

個月后匯率高於108.56，那麼進口商將承擔損失；如果三個月后匯率不降反升，那麼進口商喪失了獲利的機會。

由於未來的匯率是不確定的，進口商擔心美元兌日元匯率下降的幅度可能不會太大，遠期報價太低，並希望等待更好的價格，那麼鎖定匯率為108.90，敲出匯率為108.40。如果三個月內匯率未下降到108.40，那麼進口商可以108.90的匯率買入10億日元，這樣起到了既規避風險又節約成本的作用。

（二）出口商運用遠期避險保值

某日外匯市場行情如下：GBP/USD的即期匯率為1.558,0/90，90天遠期報價為20/10，180天遠期報價為40/20。一美國出口商向英國出口價值200萬英鎊的貨物，預計3個月后才收匯。美國出口商賣出90天200萬英鎊，匯率為1.556,0。無論匯率如何變化，出口商都固定了他的美元收入。

由於收款的時間為3個月后，但並不能固定在哪一天，因此該出口商敘做擇期交易，以免暴露了匯率風險敞口。他敘做3~6個月的擇期交易。在這期間的任何一天，他將收到的200萬英鎊以匯率1.554,0換成美元。

（三）掉期交易

（1）美國某貿易公司在1月份預計4月1日將收到一筆歐元貨款。為防範匯率風險，公司按遠期匯率水平同銀行敘做了一筆3個月遠期外匯買賣，買入美元賣出歐元，起息日為4月1日。但到了3月底，公司得知對方將推遲付款，在5月1日才能收到這筆貨款。於是公司可以通過一筆1個月的掉期外匯買賣，將4月1日的頭寸轉換至5月1日。

（2）日本某貿易公司向美國出口產品，收到貨款500萬美元。該公司需將貨款兌換為日元用於國內支出。同時，公司需從美國進口原材料，並將於3個月后支付500萬美元的貨款。此時，公司可以採取以下措施：敘做一筆3個月美元兌日元掉期外匯買賣；即期賣出500萬美元，買入相應的日元；3個月遠期買入500萬美元，賣出相應的日元。通過上述交易，公司可以軋平其中的資金缺口，達到規避風險的目的。

在中國銀行開辦掉期業務后，這家公司可以採取以下措施來對沖風險：敘做一筆3個月美元兌人民幣掉期外匯買賣：即期賣出100萬美元並買入相應的人民幣，同時約定3個月后賣出人民幣並買入100萬美元。假設美元三個月年利率為3%，人民幣三個月年利率為1.7%，中國銀行利用利率平價理論、風險預期、金融產品風險等級得出的掉期點數為-450，則客戶換回美元的成本就固定為6.055。如此，公司解決了流動資金短缺的問題，還達到了固定換匯成本和規避匯率風險的目的。

四、實訓任務

（1）查詢中國銀行遠期報價情況。

（2）假設你是花旗銀行中國分公司的風險管理人員，花旗銀行在3個月后要從中國分公司調回4,000萬人民幣用來償還美國公司的人民幣債務。為了規避匯率風險，你會怎麼做？請根據中國銀行遠期報價表進行分析。

（3）國內某貿易公司向美國出口產品，收到貨款100萬美元。該公司需將貨款兌換為人民幣用於中國國內支出。同時，公司需從美國進口原材料，將於3個月后支付100萬美元的貨款。此時，這家貿易公司是持有美元，短缺人民幣資金。若當時1美元兌6.10元人民幣，公司以6.10的價格將100萬美元換成了610萬人民幣。三個月后需要美元時，公司還要去購匯。這樣，公司在做兩筆結售匯交易的同時，都承擔著匯率風險。如果三個月后人民幣貶值為6.15，公司就必須用615萬人民幣換回100萬美元，這樣就產生了5萬人民幣的損失。

假設美元三個月年利率為3%，人民幣三個月年利率為1.7%，中國銀行利用利率平價理論、風險預期、金融產品風險等級得出的掉期點數為-450。請問該公司如何進行掉期來對沖風險，並分析對沖后的損益情況。

實訓二　外匯期貨交易應用

一、實訓目的和要求

1. 掌握外匯期貨交易的概念和特點
2. 瞭解外匯期貨交易市場及交易規則
3. 熟悉外匯期貨交易的作用
4. 掌握外匯期貨交易的應用

二、實訓原理

1. 外匯期貨交易的特點

（1）外匯期貨合約是標準化的合約，時間、交割日都是標準化的。同時，交易所設定了每日匯率波動的幅度的最低限制以及價格最大波動的限制。六種貨幣的期貨標準合約的規模、最小變動值、初始保證金、維持保證金、交割時間、交割地點如表2-1 所示：

表 2-1　　　　　　　　國際貨幣市場外匯期貨標準合約

幣種	英鎊	日元	歐元	瑞郎	加元	澳元
代碼	GBP	JPY	EUR	CHF	CAD	AUD
合約規模	62,500	12,500,000	125,000	125,000	100,000	100,000
最小變動值	12.5	12.5	12.5	12.5	10	10
初始保證金	2,800	2,700	2,700	2,700	1,000	2,000
維持保證金	2,100	2,000	2,000	2,000	800	1,500
交割日、月	3月、6月、9月、12月第三個星期的星期三					
交割地點	由清算中心指定的貨幣發行國的銀行					

（2）外匯期貨價格均以美元表示，外匯期貨價格與現貨價格相關。外匯期貨價格實際上是預期的現貨市場價格。在投機者的參與下，期貨價格會向預期的現貨市價移動，兩個市場價格具有趨同性。而且隨著期貨交割日的臨近，期貨合同代表的匯率與現匯市場上的該種貨幣匯率的差距日益縮小。在交割日，兩種匯率重合。

（3）買賣期貨合約時，不需要實際付出買入合約面值所標明的外匯，只需支付手續費。合約生效后，按照當天收市的實際外匯期貨市價作為結算價，進行當日盈虧的結算。如果結算價高於該期貨合約交易時的成交價格，那麼買方盈利；反之，買方虧損，賣方受益。

（4）外匯期貨以外幣為交割對象。對於到期未對沖掉的合約，賣方必須從現貨市場購入即期外匯，交給買方以履行交割義務。

2. 外匯期貨交易市場

國際上主要的外匯期貨市場有：國際貨幣市場、倫敦國際金融期貨交易所、芝加哥商業交易所、紐約期貨交易所、紐約商品交易所等。國際貨幣市場的交易量占世界外匯期貨交易50%的上市品種多達近80種，基本囊括了所有主要貨幣和新興貨幣的期貨和期權合約。交易量最大的貨幣有歐元、日元、英鎊和瑞郎。

外匯期貨市場由期貨交易所、交易所會員、期貨佣金商、清算所及市場參與者構成。現將各個組成部分的含義及主要特徵分述如下：

（1）期貨交易所。期貨交易所是具體買賣期貨合同的場所。目前，世界各國期貨交易所一般都是非營利性的會員組織。只有取得交易所會員資格的人才能進入交易所場地進行期貨交易，而非會員只能通過會員代理進行期貨交易。期貨交易所的管理機構通常由董事會、執行機構和各種委員會組成。董事會由會員董事和非會員董事選舉產生。執行機構協助董事會履行與業務有關的職責，設總裁和執行官。下屬委員會有交易管理委員會、教育與營銷委員會、會員委員會、仲裁委員會、期貨合同委員會等負責具體業務工作。期貨交易所本身不參加期貨交易，其營運資金主要是創立者的投資資金、會員費和收取的手續費，它的職能是：提供交易場地；制定標準交易規則；負責監督和執行交易規則；制訂標準的期貨合同；解決交易糾紛。

（2）交易所會員。取得會員資格的途徑是向有關部門申請並經其批准。會員每年

必須繳納會費。在交易所的會員一般分為兩類：一是充當經紀人，代客買賣，收取佣金；二是作為交易商，進行自營，賺取利潤。不是交易所會員的客戶只能委託會員交易。

（3）期貨佣金商。按照職能劃分，期貨佣金商可以分為場內經紀人（floor broker）和場內交易商（floor trader），同一會員可身兼兩職。凡是擁有會員資格，進入期貨交易所進行交易的人員，稱為場內交易人。場內交易人員有些專為自己的利益進行交易；而更多的是從交易所外接受大量的交易指令，按場外客戶的交易指令進行期貨交易。我們把前者稱為專業投機商，把后者稱為場內經紀人。以自己的帳戶交易的稱為場內交易商。

期貨佣金商是在期貨交易所登記的會員公司。各公司派其職員作為代表。其主要職能是：向客戶提供完成交易指令的服務；記錄客戶盈虧，並代理期貨合同的實際交割；處理客戶的保證金；向客戶提供決策信息以及諮詢業務。

外匯期貨交易主要是靠期貨交易所內的場內經紀人和代替非會員的期貨佣金商來完成的。

（4）清算所。清算所是負責對期貨交易所內進行的期貨合同進行交割、對沖和結算的獨立機構。它是期貨市場運行機制的核心。通過清算所，期貨合同的轉讓、買賣以及實際交割，可以隨時進行，不用通知交易對方。它負責統一的結算、清算以及辦理貨物交割手續，這就是清算所特殊的「取代功能」。清算所的這一切行為能得以順利實現，是因為它財力雄厚，而且實行了保證金制度。保證金制度是一套嚴格的無負債的財務運行制度。

（5）市場參與者。按照交易目的，市場參與者分為套期保值者和投機者。兩者均是期貨市場不可或缺的組成部分。沒有套期保值者，則無期貨交易市場；沒有投機者，套期保值也無法實現。

3. 外匯期貨交易規則

（1）公開叫價制度。買賣外匯期貨合約的交易者把買賣委託書交給經紀商式交易所成員公司，由他們傳遞到交易大廳，經過場內經紀人之間的「公開喊價」或電子計算機的自動撮合，決定外匯期貨合約的價格。

（2）保證金制度。在期貨市場上，買賣雙方在開立帳戶進行交易時，都必須交納一定數量的保證金。繳納保證金的目的是確保買賣雙方能履行義務。清算所為保證其會員有能力滿足交易需要，要求會員開立保證金帳戶，儲存一定數量的貨幣。同時，會員也向他的客戶收取一定數量的保證金。保證金分為初始保證金和維持保證金。初始保證金是訂立合同時必須繳存的，一般為合同價值的 3%～10%，根據交易幣種匯率的易變程度來確定。維持保證金是指開立合同後，如果發生虧損，致使保證金的數額下降，直到客戶必須補進保證金時的最低保證金限額。一旦保證金帳戶余額降到維持水平線以下，客戶必須再交納保證金，並將保證金恢復到初始水平。

（3）逐日盯市。外匯期貨交易實行每日清算制度。當每個營業日結束時，清算所要對每筆交易進行清算，即清算所根據清算價對每筆交易進行結清，盈利的一方可提取利潤，虧損一方則需補足頭寸。由於實行每日清算，客戶的帳面余額每天都會發生變化，因此每個交易者都十分清楚自己在市場中所處的地位。如果想退出市場，那麼可做相反方向的交易來對沖。

（4）結算。

（5）交割。

4. 外匯期貨交易的功能

（1）外匯套期保值。外匯期貨市場的套期保值功能，是外匯期貨市場最主要的功能。這一功能，是指採取與現貨頭寸方向相反的外匯期貨交易，以規避未來現貨市場的風險。套期保值的方式有兩種，即空頭套期保值和多頭套期保值。

（2）外匯投機。外匯期貨投機交易是外匯期貨市場的又一重要功能。外匯期貨投機是通過買賣外匯期貨合約，從外匯期貨價格的變動中獲利並同時承擔風險的行為。投機交易的基本原理是投機者根據對外匯期貨價格走勢的預測，買進或賣出一定數量的外匯合約。如果價格走勢如預測的一樣，那麼可以在某一價格上順利平倉，合約的買賣差價即為盈利；如果價格走勢與預測方向相反，那麼投機就要承擔風險，買賣差價即為虧損。

外匯期貨投機分為空頭投機和多頭投機兩種類型。所謂空頭投機是指投機者預測外匯期貨價格將要下跌，從而先賣（開倉）後買（平倉），以高價賣出，以低價買入，

從而達到獲利目的。多頭投機是指投機者預測外匯期貨價格將要上升，先買后賣，以低價買進，以高價賣出從而獲利。

三、實訓案例

(一) 外匯期貨的套期保值交易

1. 空頭套期保值

它又稱為賣出套期保值，是指即將買入現貨的交易者，在期貨市場上做一筆相應的空頭交易，以防止現貨頭寸因貶值而遭受損失。空頭套期保值的一般操作是在現貨市場買入的同時在期貨市場賣出相同金額同種貨幣，到期現貨市場賣出、期貨市場買入，實現平倉，通過現貨市場和期貨市場相反的操作實現盈虧互補，從而達到保值的效果。

日本豐田汽車公司向美國進口商銷售1,000輛小汽車，3月份簽訂了半年交貨付款的合同，金額為1,000萬美元。3月份美元兌日元的匯率為110.34，為了規避匯率變動所帶來的風險，豐田公司在3月份合同簽訂之日起在外匯市場上以110.34的匯價賣出價值1,000萬美元外匯期貨合約，並於9月份汽車交貨付款日，買入1,000萬美元外匯期貨平倉，現貨市場上獲得1,000萬美元並以即期匯率兌換成日元。當美元升值時，付款日的即期匯率將上升，現匯市場獲利，付款日期貨價格也上升，期匯市場虧損，現匯市場盈利彌補期匯市場虧損。如果美元貶值，現匯市場虧損，期匯市場將盈利，期匯市場盈利彌補現匯市場虧損。無論匯率如何變化，都能起到保值的效果。

2. 多頭套期保值

它又稱為買入套期保值，是指即將支付外匯的交易者，為避免未來購入外匯進行支付時貨幣升值而遭受損失，因此預先在期貨市場買入外匯期貨合約。多頭套期保值的操作一般是先買入外匯期貨合約，然后到期賣出期貨合約，在平倉的同時買入現貨進行支付，通過期貨和現貨市場的盈虧互補達到保值的效果。

一名美國商人從加拿大進口農產品，約定3個月后支付1,000萬加元。為了防止加元升值帶來的不利影響，他進行了買入期貨套期保值。3月1日匯率為1USD=1.350,6CAD，9月份到期的期貨價格為1 USD=1.345,0CAD。如果6月1日的匯率為1USD=1.346,0CAD，

那麼期貨價格為 1USD=1.340,0CAD。

該美國商人買入 9 月到期期貨合約 1,000 萬加元，支付 1,000/1.345,0=743.494,4 萬美元。3 個月后，他賣出加元期貨合約獲得 1,000/1.340,0=746.268,7 萬美元，則期貨市場獲利 746.268,7-743.494,4=2.774,3 萬美元。現貨市場上買入 1,000 萬加元，支付 1,000/1.346,0=742.942,1 萬美元。他在現貨市場上 3 月買入 1,000 萬加元只需支付1,000/1.350,6=740.411,7 萬美元，那麼現貨市場上虧損 742.942,1-740.411,7=2.530,4 萬美元。最終通過期貨市場的盈利彌補現貨市場的虧損，不僅達到保值的效果還可盈利 2.774,3-2.530,4=0.223 萬美元。

進出口企業在利用外匯期貨做套保的時候需要注意一些問題。一般來說，做外匯期貨套期保值要遵循貨幣種類相同、貨幣數量相等或相近、月份相同或相近、交易方向相反 4 大操作原則，而在實際操作中，因為基差不斷變化，數量完全對等、效果完全相抵都難以做到。對於一般的進出口企業，套保的目的既不是風險的最小化，也不是利益的最大化，而是兩者的統一，將企業的風險降低到可以穩健經營的程度。而對於月份相同或相近，實際操作中，由於遠期合約一般不活躍，成交量比較少，在很多時候不能以目標價格成交，因此，一般會選擇在主力合約①成交，然后往后面的月份移倉。企業應該根據風險偏好和可接受程度，靈活科學地選擇套保比率，進行有策略性的套期保值。不過這對公司的期貨決策人有較高的要求。

即使有了套期保值這一工具，進出口企業也不是沒有風險的，套期保值也存在風險。首先，基差風險的存在，使得貨幣匯率的波動和外匯期貨價格未必完全同步變化，可能期貨的盈利不能完全彌補現貨的虧損。其次，還有保證金追加風險。一旦企業資金緊張，就可能帶來強行平倉的風險。除此之外，套期保值還有操作風險、流動性風險和交割風險等。

（二）外匯期貨的投機交易

1. 買空行為

它又稱多頭投機，是指先買后賣，投機者預測某種外匯期貨合約的價格將要上漲，

---

① 主力合約：持倉量最大的合約。

而採取購買某一交付月份的外匯期貨合約。一旦預測準確,便立即將事先購買的合約賣出,以從中賺取差額。如果預測錯誤,投機者將面臨虧損。而且期貨合約的保證金交易機制、投機者的槓桿操作會導致損失也成倍地擴大。

假設日本國內政局混亂,某公司預測,本週末日本國內大選將結束,影響期貨行情巨變的近期因素都將明朗化,期貨行情將會轉向上升趨勢。該公司買入日元期貨,待行情上升時再拋出。10月20日,該公司以0.007,030的價格購買了10個單位交割月份為12月的日元期貨。大選結束后,政局走向平穩,期貨行情呈上升趨勢。該公司於11月1日以0.007,110的價格賣掉10個單位的日元期貨。最后投機獲利為(0.007,110-0.007,030)*12,500,000*10=10,000美元。但如果行情並沒有如公司預測的那樣,而是下降了,那麼該公司將面臨由匯率下降帶來的虧損。

2. 賣空行為

它又稱空頭投機,是指先賣后買,投機者預測某種外匯期貨合約的價格將要下降,而採取事先出售外匯期貨合約,待該合約的價格真正降低后再買進,以從中賺取差額。

3. 跨市套利投機

它是指投機者在不同市場上預測同種外匯期貨價格呈不同走勢,在一個交易所買入一種外匯期貨合約,在另一個交易所賣出同種合約,一段時間后再將合約同時平倉,從而獲利。進行跨市套利投機的首要步驟是判斷同一種外匯期貨價格在不同期貨市場上變化的方向。

(1) 如果預測兩個市場的同種外匯期貨合約均處於上漲狀態,其中一個市場的漲幅高於另一個市場,那麼在漲幅大的市場買入,漲幅小的市場賣出。

(2) 如果預測兩個市場的同種外匯期貨合約均處於下跌狀態,其中一個市場的跌幅大於另一個市場,那麼在跌幅大的市場賣出,跌幅小的市場買入。

4. 跨期套利交易

它又稱跨越買賣交易,是指在同一期貨市場上同時買賣形同幣種、不同交割月份的期貨合約,利用不同交割月份之間的差價,進行相反交易,從中套取投機利潤。

3月1日,假設在國際貨幣市場上6月份交割的英鎊期貨合約價格比9月份交割的英鎊期貨合約價格高,如6月份交割的英鎊期貨合約價格為GBP/USD=1.563,0,9月

份交割的英鎊期貨合約價格為 GBP/USD＝1.551,0。某投機者預測 6 月份交割的英鎊期貨合約價格下跌速度比 9 月份交割的英鎊期貨合約價格上升速度快，因此該投機者立即採用跨期套利投機，即賣出 10 張 6 月份交割的英鎊期貨合約，同時買入 10 張 9 月份交割的英鎊期貨合約，以期獲取價差上的利潤。如果該投機者 5 月 5 日進行平倉，那麼 6 月份交割的英鎊期貨合約價格為 GBP/USD＝1.556,0，9 月份交割的英鎊期貨合約價格為 GBP/USD＝1.553,0。投機者在 6 月到期的英鎊期貨合約交易中獲利為 10 * (1.563,0-1.556,0) * 62,500＝43,750 英鎊；在 9 月份到期的英鎊期貨合約的交易中獲利為 10 * (1.553,0-1.551,0) * 62,500＝12,500 英鎊。總投機獲利為 56,250 英鎊。

5. 跨幣種套利

它是指套利者預測交割月份相同而幣種不同的外匯期貨合約價格將出現不同走勢，買入預期價格上升的外匯期貨合約，賣出預期價格即將下跌的外匯期貨合約，以獲取投機利潤。在買入或賣出期貨合約時，兩種貨幣期貨合約的交易金額應保持相同。

（1）有兩種貨幣。如果預測一種貨幣對美元升值，另一種貨幣對美元貶值，那麼買入升值貨幣的期貨合約並賣出貶值貨幣的期貨合約。

（2）如果預測兩種貨幣都對美元升值，那麼買入升值速度較快的貨幣期貨合約並賣出升值速度較慢的貨幣期貨合約。

（3）如果預測兩種貨幣都對美元升值貶值，那麼賣出貶值速度較快的貨幣期貨合約並買入貶值速度較慢的貨幣期貨合約。

四、實訓任務

（1）請查詢當天芝加哥商業交易所期貨行情表以及現匯行情表。

（2）假定你是英國某貿易公司的金融管理經理。一方面，由於公司的貿易業務需求，公司需要長期從美國進口原料，要考慮進口成本的控制；另一方面，作為金融管理經理，還需要利用公司的外匯進行投資獲利，既有保值的需求也有投機的需求。目前公司持有 1,000 萬美元，但在半年之後需要向美國進口原料支付 500 萬美元貨款。請問，作為經理，如何在避免匯率風險的情況下還能利用手裡的美元獲利。

實訓三　外匯期權交易應用

一、實訓目的和要求

1. 掌握外匯期權交易的概念和種類
2. 瞭解外匯期權的交易規則
3. 熟悉外匯期權交易的功能
4. 掌握外匯期權交易的應用

二、實訓原理

1. 外匯期權交易的概念

外匯期權交易是指交易雙方在規定的期間按商定的條件和一定的匯率，就將來是否購買或出售某種外匯的選擇權進行買賣的交易。對於買方而言，外匯期權的主要作用是通過購買期權增強交易的靈活性，即可以有權選擇有利於自己的匯率進行外匯買賣，消除匯率變動帶來的損失，謀取匯率變動帶來的收益。

買進期權與賣出期權：即期權合約的多方和空方。買進期權是指合約持有者有權利以執行價格買進一定數量的外匯。賣出期權是指合約擁有者有權利以執行價格賣出一定數量的外匯。

履行合約：外匯期權的持有者，有權利決定是否需要「履行」合約或聽任合同到期而不去執行。福匯環球金匯網認為，履約價格或執行價格是指即期或遠期和約上的價格，都是反應當時的市場價格。外匯期權中，未來結算所履行的價格稱為履約價格或執行價格。履約價格在和約簽訂當初決定，可能完全與即期和遠期匯率不同。

到期日：外匯期權合約有一個最後的到期日。期權的持有者如果希望履行合約，就必須在合約到期前通知另一方。

2. 外匯期權交易的種類

（1）按期權持有者的交易目的，外匯期權可分為：買入期權，也稱為看漲期權；賣出期權，也稱為看跌期權。

（2）按產生期權合約的原生金融產品，外匯期權可分為：現匯期權，即以外匯現貨為期權合約的基礎資產；外匯期貨期權，即以貨幣期貨合約為期權合約的基礎資產。

（3）按期權持有者可行使交割權利的時間，外匯期權可分為：歐式期權，指期權的持有者只能在期權到期日當天紐約時間上午 9 時 30 分前，決定執行或不執行期權合約；美式期權，指期權持有者可以在期權到期日以前的任何一個工作日紐約時間上午 9 時 30 分前，選擇執行或不執行期權合約。因此美式期權較歐式期權的靈活性較大，因而費用價格也高一些。

3. 外匯期權市場

在整個 20 世紀 80 年代，期權交易發展相當迅速。由於市場對靈活多樣的外匯期權的需求，以銀行間交易為主體的場外交易（Over the Counter, OTC）很快地發展起來。就市場而言，現在的外匯期權交易分為兩部分：一部分是在各種交易所內進行的場內交易，另一部分就是以銀行為主體的場外交易。場外交易發展迅速，目前占全部外匯期權交易額的比重超過 80%。外匯期權的場外交易開始於 20 世紀 80 年代，而正式的掛牌交易則是美國費城交易所（PHLX）於 1982 年首創的國際貨幣市場（IMM）。除此之外，芝加哥交易所（CBOE）和美國股票交易所（AMEX）也是具有代表性的外匯期權交易市場。費城股票交易所不僅是美國第一個經營外匯期權業務的交易中心，而且還在世界期權市場上處於領導者的地位。在世界其他各地也有外匯期權的交易市場，諸如倫敦國際金融期貨及期權交易所（LIFFE）、新加坡國際金融期貨交易所（SIMEX）、東京國際金融期貨交易所（TIFFE）、澳大利亞悉尼期貨交易所（SFE）等。

4. 外匯期權交易規則

國內個人外匯期權以招商銀行的個人外匯期權交易為例（見表 2-2），包括歐元兌美元、英鎊對美元、美元兌日元和澳元兌美元四個貨幣對。每份合約為 100 單位被報

價幣，都屬於歐式期權。

表 2-2　　　　　　　　招商銀行個人外匯期權交易規則

貨幣對	歐元/美元	英鎊/美元	美元/日元	澳元/美元
標的金額（每份合約）	100 歐元	100 英鎊	100 美元	100 澳元
看漲期權	看漲歐元 看跌美元	看漲英鎊 看跌美元	看漲美元 看跌日元	看漲澳元 看跌美元
看跌期權	看跌歐元 看漲美元	看跌英鎊 看漲美元	看跌美元 看漲日元	看跌澳元 看漲美元
類型	歐式期權（期權合約持有人僅在期權到期日有權行使權利）			
執行價格	由招商銀行制定			
期限	3 個月左右			
合約起始日	由招商銀行制定			
合約到期日	由招商銀行根據合約起始日及期限制定			
合約結算日	合約到期日			

5. 外匯期權交易的功能

外匯期權的主要經濟功能在於防範匯率風險。持有某種外匯的投資者只要通過購買看跌期權，就能以負擔期權費為代價避免所持外匯貶值的風險。預定購買某種外匯的投資者只要通過購入看漲期權，就能以負擔期權費為代價，避免實際購入外匯時外匯價格上升所帶來的風險。由於功能特殊，交易策略極為靈活，外匯期權除了可以用來規避匯率大幅變動的風險外，還可以用來規避匯率小幅波動的風險。例如當匯率處於盤整階段時，通過適當的期權組合，投資者不僅不會虧損，反而會盈利。因此外匯期權既為客戶提供了外匯保值的方法，又為客戶提供了從匯率變動中獲利的機會，具有較大的靈活性。

三、實訓案例

1. 買入看漲期權

買入看漲期權也稱為多頭看漲期權，是指外匯期權的買入者擁有在到期日按協定價格購買一定數量外匯現貨的權利。當投資者預測市場價格將會上升時，可以選擇此

種交易策略。假如市場變化果真如其所願，那麼投資者的收益很可能是無限的；假如市場價格不升反降，投資者也不用擔心，可以放棄手中的權利，最多只是損失其所支付的期權費；假如市場價格等於協定價格與期權費之和，此時投資者正好處於盈虧平衡點，不賠不賺。

2. 賣出看漲期權

賣出看漲期權又稱為多頭看漲期權，是指外匯期權的賣方收取一定的期權費後，必須無條件履行以協定價格賣出一定數量外匯現貨的義務。當投資者預測市場價格將會下降時，可以選擇此種交易策略。假如市場價格下降，投資者的收益就是收取的期權費；假如市場價格不降反升，投資者面臨的很可能是無限的虧損；假如市場價格等於協定價格與期權費之和，此時投資者處於盈虧平衡點，正好不賠不賺。

3. 買入看跌期權

買入看跌期權也叫多頭看跌期權，是指外匯期權的買入者擁有在到期日按協定價格出售一定數量外匯的權利。當投資者預測市場價格將下跌時，他會選擇此種交易策略。假如市場價格真的下降，投資者的收益可能趨於無限；假如市場價格不升反降，投資者的損失最多只是其所支付的期權費；假如市場價格等於協定價格與期權費之差時，此時投資者正好處於盈虧平衡點，不賠不賺。

4. 賣出看跌期權

賣出看跌期權又被稱為空頭看跌期權，是指外匯期權的賣方收取一定的期權費後，必須無條件履行以協定價格買進一定數量外匯現貨的義務。當投資者預測市場價格將會上升時，可以選擇此種交易策略。假如市場價格上升，投資者的收益就是收取的期權費；假如市場價格不升反降，投資者面臨的很可能是無限的虧損；假如市場價格等於協定價格與期權費之差，則投資者正好處於盈虧平衡點，不賠不賺。

5. 買權價差交易

買權價差交易分為買權多頭差價交易和買權空頭價差交易。買權多頭差價交易是指先買後賣看漲期權的差價交易，即按一個協定價格買入一個看漲期權的同時，按另一個協定價格賣出一個看漲期權，用來抵消前一個買入看漲期權的頭寸。當期權的買方預期某一貨幣匯率上升的機會大於其下跌的機會且上升的幅度有限時，則買方可採

用先買后賣看漲期權建立一個多頭差價交易。其中，買入的看漲期權的協定價格較小，賣出的看漲期權協定價格較大，兩者到期日相同。買權空頭價差交易是指先賣后買看漲期權的差價交易，即按一個協定價格賣出一個看漲期權的同時，按另一個協定價格買入一個看漲期權用來抵消前一個賣出看漲期權的頭寸。

6. 賣權價差交易

賣權價差交易分為賣權空頭價差交易和賣權多頭價差交易。賣權空頭價差交易是指先買后賣看跌期權的差價交易，即按一個協定價格買入一個看跌期權的同時，按另一個協定價格賣出一個看跌期權，用來抵消前一個買入看跌期權的頭寸。當期權的買方預期某一貨幣匯率下跌的機會大於其上升的機會且下跌的幅度有限時，建立一個看跌期權的空頭差價交易。其中，買入的看跌期權的協定價格較大，賣出的看跌期權協定價格較小，兩者到期日相同。賣權多頭差價交易是指先買后賣看跌期權的差價交易，即按一個協定價格賣出一個看跌期權的同時，按另一個協定價格買入一個看跌期權，用來抵消前一個賣出看跌期權的頭寸。

7. 同價對敲交易

同價對敲交易是指按照相同的協定價格買入和賣出一個看漲期權和一個看跌期權，分為買入同價對敲交易和賣出同價對敲交易。買入同價對敲交易是指按照相同的協議匯率與到期日買入一個看漲期權和一個看跌期權。如果買房預期未來的市場匯率將發生劇烈的變動，但無法確定市場匯率未來變動的方向，那麼在買方支付了兩個期權費之后，當該外匯的即期匯率上漲到足夠高的價位時，投資者執行看漲期權放棄看跌期權，其收益就可以大於購買兩個期權所支付的期權費；當該外匯的即期匯率下跌到足夠低的價位時，投機者執行看跌期權放棄看漲期權。因此無論匯率朝哪個方向變動，買方都可以從中獲利，而買方將承擔市場匯率劇烈變動的無限風險。賣出同價對敲交易指按照相同的協定價格與到期日賣出一個看漲期權和一個看跌期權。

8. 異價對敲交易

異價對敲交易與同價對敲交易的區別在於期權組合的協定價格不同，只同時買入和賣出合約中規定的貨幣數量、到期日相同而協定價格不同的由買權和賣權構成的期權組合。它包括買入和賣出異價對敲交易。

四、實訓任務

（1）中國某公司根據近期國際政治經濟形式預測 1 個月內美元兌日元匯價會有較大波動，但變動方向難以確定，因此決定購買 100 億日元雙向期權合約做外匯投機交易。即期匯率 USD1 = JPY110，協定價格 JPY1 = USD0.008,929，期權費 JPY1 = USD0.000,268，佣金占合同金額的 0.5%。在市場匯率分別為 USD1＝JPY100 和 USD1＝JPY125 的情況下，該公司的外匯投機各獲利多少？並分析其盈虧平衡點。

（2）查詢 CME 外匯期權行情，假設你在外匯市場上以即期匯率買入 100 萬歐元，且想持有至少 1 個月，但由於擔心歐元貶值給你帶來風險，想利用期權套期保值。請根據所查詢的期權行情表買賣期權合約來規避風險。請將操作過程以及可能的結果分析清楚。假設你是外匯投機者，你無法確認匯率走勢，請問你有哪些投機策略。請根據所查詢的行情進行期權組合，並分析盈虧平衡點。

實訓四　貨幣互換交易應用

一、實訓目的和要求

1. 掌握貨幣互換的概念和原理
2. 熟悉貨幣互換的功能
3. 掌握貨幣互換的應用

二、實訓原理

1. 貨幣互換的概念和原理

貨幣互換是利用籌集不同貨幣資金的成本比較優勢，各自在具有優勢的市場上先籌集資金然後互換貨幣，定期支付利息，到期互換本金。貨幣互換是指兩筆金額相同、期限相同、計算利率方法相同，但是貨幣不同的債務資金之間的調換，同時也指不同利息額的貨幣調換。

貨幣互換的起點金額一般在等值500萬美元。互換期限一般為1~5年，也可根據客戶需求延長最長期限。互換交易時需要繳納一定的保證金，且成交后不得撤銷。

貨幣互換的參與者包括政府、出口信貸機構、金融機構、公司以及超國家機構。政府和出口信貸機構進行貨幣互換的主要目的是降低融資成本、規避匯率風險，而金融機構和公司是互換市場的活躍分子，不僅為了保值，也可以進行投機。而超國家機構一般作為仲介，代表客戶借款，利用其較高的信用獲得便宜的資金。

2. 貨幣互換的功能

套利的功能：通過貨幣互換得到直接投資不能得到所需級別、收益率的資產，或

是不能得到比直接融資的成本較低的資金。

資產負債管理的功能：通過對資產和負債的比重進行搭配，可以暫時、有效地降低某種貨幣的負債，比如希臘通過高盛的貨幣互換隱瞞債務負擔並順利加入歐元區。

對貨幣保值的功能：通過貨幣互換鎖定收益或成本。

規避外匯管制的功能：在實行外匯管制的國家，通過貨幣互換可以較低的成本將貨幣交換出來。

但貨幣互換也有風險，包括匯率風險、結算風險和信用風險。

三、實訓案例

假定英鎊和美元匯率為1英鎊=1,500.0美元。A想借入5年期的1,000萬英鎊借款，B想借入5年期的1,500萬美元借款。但由於A的信用等級高於B，兩國金融市場對A、B兩公司的熟悉狀況不同，因此市場向它們提供的固定利率也不同。A公司在市場上借入美元的利率為8.0%，借入英鎊的利率為11.6%；而B公司在市場上借入美元的利率為10.0%，借入英鎊的利率為12.0%。

由於A公司的信用等級更高，因此無論是美元借款還是英鎊借款，A公司都具有絕對優勢。A公司在美元借款上有相對優勢，而B公司在英鎊借款上有相對優勢。因此A公司和B公司可以進行貨幣互換交易，兩家公司共節省1.6%的成本。A公司在市場上以8.0%的利率借入美元，B公司以12%的利率借入英鎊，兩者進行互換。假設兩者平攤節省的籌款成本，那麼A公司獲得英鎊並以10.8%支付英鎊利息給B公司，同時向市場支付8.0%的美元借款利息，而B公司獲得美元並以8.0%支付美元利息給A公司，同時向市場支付12%的英鎊利息。

四、實訓任務

（1）請查詢2001年希臘與高盛的貨幣互換交易的原因和動機。

（2）請分析希臘與高盛的貨幣互換交易的具體金額、利率、期限等情況。

模塊三

個人外匯交易模擬實驗

　　個人外匯交易又叫做個人外匯買賣，是指在外匯市場上進行的外匯即期交易。本實驗所指的個人外匯交易即通常所說的「炒外匯」。中國個人外匯交易包括實盤和虛盤（保證金）交易兩種。因此本實驗主要包括四個部分：第一部分為個人外匯交易的基礎，包括概念、銀行實盤交易流程、MT4 軟件保證金交易的操作流程；第二部分是個人外匯交易的基本面分析；第三部分是個人外匯交易的技術分析；第四部分是個人外匯交易的技巧策略。

實訓一　個人外匯交易基礎

個人外匯交易基礎包括個人外匯交易的概念、外匯銀行實盤交易流程、ForexMT4 軟件保證金交易的操作流程。

一、實訓目的和要求

1. 掌握個人外匯交易的概念，掌握點差的概念
2. 理解實盤交易和保證金交易的特點和區別
3. 理解名義槓桿和真實槓桿的區別
4. 熟悉外匯銀行實盤交易流程，掌握外匯銀行實盤交易之間的差異
5. 熟悉 ForexMT4（嘉盛）軟件的使用

二、實訓原理

（一）個人外匯交易的含義

個人外匯交易是指個人在外匯市場上進行外匯與外匯的即期兌換或買賣，有實盤和虛盤之分。個人通過外匯買賣獲得匯差收益和利息收益。外匯買賣的匯差收益受到點差高低的影響。報價行所報的買賣點差越高，投資者外匯買賣的成本就越高。

外匯實盤交易要求投資者必須持有足額的要賣出外幣才能進行交易，不能賣空，屬於單邊交易機制，因此缺少保證金交易的賣空機制和融資槓桿機制。同時，交易成本比較高，點差在 20~50。

外匯虛盤交易又叫做保證金交易或按金交易。投資者用自有資金作為擔保，從銀行或經紀商處提供的融資放大來進行外匯交易，且融資的比例大小一般由銀行或者經

紀商決定。目前國外主流的外匯經紀商的標準帳戶一般採用 100∶1 的高槓桿比，也可以達到 400∶1。但能保持盈利的帳戶一般真實槓桿比控制在 5∶1，穩定在 3∶1。國際上對沖基金 30 倍算很高了。保證金交易的交易成本一般比較低，點差小於 10。可進行迷你和微型合約的交易，門檻較低。

真實槓桿是指頭寸的總價值除以交易帳戶的總價值。而名義槓桿是外匯經紀商提供的融資槓桿。如果帳戶初始資金為 1 萬美元，你通過 1,000 美元控制 10 萬美元，1,000 美元就是保證金，保證金為 1%，即名義槓桿為 100 倍，真實槓桿是 10 倍。

（二）外匯銀行實盤交易流程

中國大多數外匯銀行都進行外匯實盤交易，但不同銀行的外匯實盤交易又有所不同，尤其在交易成本上。因此在進行外匯實盤交易之前應先選擇開戶銀行開戶，比較價格（點差越小，成本越低，對交易者越有利），比較服務功能（營業時間、可交易幣種、提供的附加服務等），比較交易平臺（多種交易方式：櫃臺、電話、終端、網上等，各交易方式是否便捷、通暢），比較其他服務（提供經常性的諮詢、講座、沙龍等）等。選定銀行以后，通過外匯行情選定要進行交易的貨幣對，選擇適合自己的交易平臺，通過電腦或手機或櫃臺等方式下達交易指令，根據自己對貨幣對匯率的預測可選擇即時交易或委託交易。

委託交易包括獲利、止損、追加委託、雙向委託，以及委託的時長。獲利委託是指委託一個更高的賣價、一個更低的買價；止損委託是指委託一個更低的賣價、一個更高的買價；追加委託與原委託等額方向，原委託執行后生效；雙向委託是指同時設獲利價和止損價，有一條被執行，另一條失效，但只執行一半，剩餘部分的委託被取消。

（三）ForexMT4 軟件的使用介紹

本模塊涉及的保證金交易主要通過 ForexMT4 軟件來進行模擬。因此外匯虛盤或保證金交易通過 ForexMT4 軟件來操作。使用 ForexMT4 軟件進行外匯交易時主要涉及菜單熟悉、圖標操作、添加技術指標、下單四類操作。

1. 菜單熟悉

(1)「文件」菜單（見圖3-1）。

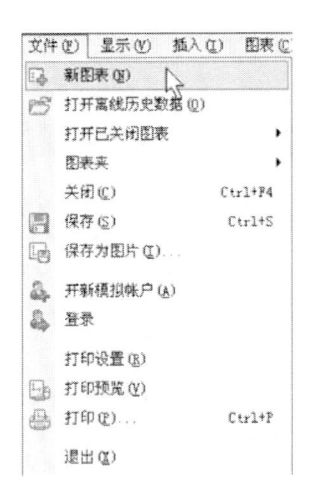

圖3-1 「文件」菜單

◇ 新圖表——打開金融品種的圖表窗口。此指令會列出可提供金融品種的列表。可以從列表中選中一個金融品種，打開一個新的圖表窗口。您也可以使用「常用按鈕」中 操作。

◇ 打開歷史離線數據——打開離線的圖表。這個指令能夠選擇所需的存放歷史數據的文件。這種模式下，最新的報價沒有保存在歷史文件中。

◇ 打開已關閉圖表——恢復被刪除的圖表。如果菜單「工具—選項—圖表」選中了「保存刪除的圖表便於再次打開」，那麼刪除的圖表被保存了；還可以對這裡的圖表做永久性刪除。

◇ 圖表夾——打開圖表夾管理菜單。也可以使用「常用按鈕」中的 操作。更加詳細的信息請查看「模板和圖表夾」部分。

◇ 關閉——關閉圖表。

◇ 保存——將歷史數據保存為擴展名為「CSV」「PRN」和「HTM」的文本文件。

◇ 保存為圖片——把圖表保存為「BMP」或「GIF」格式。

◇ 開新模擬帳戶——開立一個新的模擬帳戶。也可以通過窗口「導航器—帳戶—

右鍵開新模擬帳戶」運行或按「Insert」鍵。

◇ 登錄——認證身分。也可以通過窗口「導航器—帳戶—選中某個帳號—右鍵登入」運行。

◇ 打印設置——打印參數簡要設置。

◇ 打印預覽——圖表預覽。也可以使用「常用按鈕」中的 操作。

◇ 打印——打印圖表。如果在「打印設置」中的「屬性」選擇了「彩色打印」，那麼能夠打印彩色圖表，而不是黑白圖表。同樣可以使用「常用按鈕」中的 操作，也可以按快捷鍵「Ctrl+P」或在主菜單選擇「文件—打印」操作。

◇ 退出——退出用戶端軟件。

（2）「顯示」菜單（見圖3-2）。

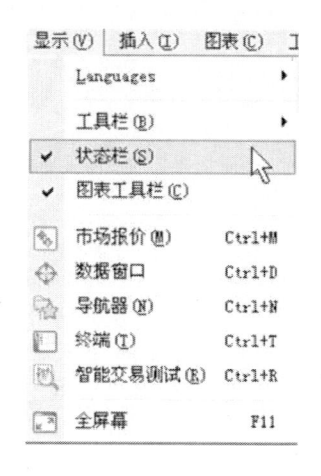

圖3-2 「顯示」菜單

◇ Languages——語言，通過子菜單控制用戶端顯示的語言。當程序重啓后語言轉換才能生效。

◇ 工具欄——通過子菜單來決定顯示的工具欄。「定制」指令能夠讓用戶自定義工具欄。

◇ 狀態欄——打開/關閉終端窗口下面的狀態欄。

◇ 圖表工具欄——打開/關閉在圖表工作區下面的狀態欄（標籤），這裡顯示打開的圖表對應的金融品種名稱。

◇ 市場參考報價——顯示/隱藏服務窗口「市場報價」。也可以使用快捷鍵「Ctrl+M」或「常用按鈕」中的 ![] 操作。

◇ 數據窗口——顯示/隱藏「數據窗口」。也可以使用快捷鍵「Ctrl+D」或「常用按鈕」中的 ![] 操作。

◇ 導航器——顯示/隱藏「導航」窗口。也可以使用快捷鍵「Ctrl+N」或「常用按鈕」中的 ![] 操作。

◇ 終端——顯示/隱藏「終端」窗口。也可以使用快捷鍵「Ctrl+T」或「常用按鈕」中的 ![] 操作。

◇ 全屏幕——打開/關閉全屏幕模式。在全屏模式下，工具欄、狀態欄和所有服務窗口都將關閉，屏幕中只顯示用戶終端主窗口標題、主菜單、圖表工作區和圖表窗口的標籤。再重複操作此指令，屏幕則回到原來的狀態。也可以使用快捷鍵「F11」或「常用按鈕」中的 ![] 操作。

（3）「插入」菜單（見圖3-3）。

圖3-3 「插入」菜單

◇ 技術指標——為圖形窗口添加技術指標，也可以使用「常用」工具條中的 ![] 操作，或者點擊導航窗口的「技術指標」「自定義指標」來操作。

◇ 畫線工具——為圖形窗口添加直線、通道、江恩、斐波納奇、安德魯分叉線、循環週期線等。還可以添加圖形對象——圖形、箭頭、文字，給圖形窗口做標註。圖形：使用幾何體（矩形、三角形、橢圓形）在報價圖表中標明不同的區域。箭頭：使用符號（箭頭、測試和停止符號）在報價圖表中突出標明重要的事件。文字：文字用於在圖表中進行註釋，它會隨著圖表滾動。文字標籤：文字標籤被附加在另一窗口，不存在於圖表中。當圖表滾動時，文字標籤將不會移動。更加詳細的信息請查看「圖表操作—畫線分析」部分。

（4）「圖表」菜單（見圖3-4）。

圖 3-4 「圖表」菜單

◇ 技術指標列表——顯示當前圖表使用的技術指標，並可以修改指標參數和刪除指標。也可以使用快捷鍵「Ctrl+I」或圖表中的右鍵菜單來操作。

◇ 對象——顯示和刪除當前圖表中的對象元素（圖形、文字、箭頭），也可以使用快捷鍵「Ctrl+B」或圖表中的右鍵菜單來操作。

◇ 柱狀圖——顯示柱狀圖，也叫竹線圖或美國線。也可以使用快捷鍵「Alt+1」或「圖表」工具欄中的 操作。

◇ 陰陽燭——顯示日本蠟燭圖，也就是我們所說的 K 線。也可以使用快捷鍵「Alt+2」或「圖表」工具欄中的 操作。

◇ 折線圖——顯示用收盤價連接在一起的曲線。也可以使用快捷鍵「Alt+3」或「圖表」工具欄中的 操作。

◇ 圖表置前景——如果這個功能被激活，那麼所有分析對象會被放置在圖表的后面而不是遮住 K 線。

◇ 時段——圖表的時間週期。

◇ 模板——顯示和管理可使用的模板。「保存模板」指令能夠將當前激活的圖表窗口保存為模板，「刪除模板」是指刪除以前保存的模板；「加載模板」是指直接調入某個已經保存的模板並應用於當前圖表。也可以使用圖表中的右鍵菜單來操作。

◇ 刷新——重新更新當前圖表要使用的歷史價格數據。也可以在圖表窗口的右鍵菜單使用同樣的指令操作。

◇ 網格——顯示/隱藏圖表窗口的網格。也可以在圖表窗口的右鍵菜單使用同樣的指令操作或使用快捷鍵「Ctrl+G」操作。

◇ 成交量——顯示/隱藏圖表中的成交量。也可以在圖表窗口的右鍵菜單使用同樣的指令操作或使用快捷鍵「Ctrl+L」操作或使用「圖表」工具欄中的 操作。

◇ 自動滾動——在新的價位到來時，啓動/關閉圖表自動向左滾動。也可以使用「圖表」工具欄中的 操作。

◇ 圖表平移——從窗口右邊移動圖表，在圖表中右邊留出空白區域。也可以使用「圖表」工具欄中的 操作。

◇ 放大——放大顯示圖表中的 K 線等線型。也可以使用「+」鍵或「圖表」工具欄中的 操作，或者按住鼠標左鍵，沿著水平軸向右移動光標指針。

◇ 縮小——縮小顯示圖表中的 K 線等線型。也可以使用「-」鍵或「圖表」工具欄中的 🔍 操作，或者按住鼠標左鍵，沿著水平軸向左移動光標指針。

◇ 圖表步進——觀察歷史圖形時，每次向左移動一格（1 根 K 線）圖表，也可以按 F12 進行同樣的操作。

◇ 屬性——可以按熱鍵 F8 或圖表中右鍵菜單進行同樣的操作。

(5)「窗口」菜單（見圖 3-5）。

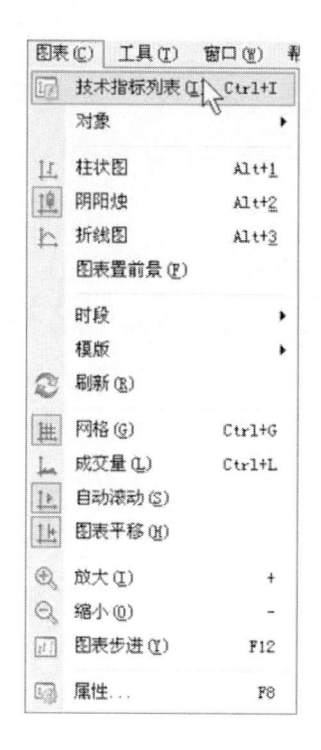

圖 3-5 「窗口」菜單

◇ 新窗口——打開新的金融品種的圖表窗口。同樣可以按「標準」工具條中的按鈕 🔄 完成同樣的操作。

◇ 層疊——設置圖表為層疊。

◇ 平鋪——設置圖表為平鋪。

◇ 縱列——設置圖表為縱列。

◇ 排列圖標——在最小化窗口排列圖標。

◇在這個菜單的底線列出所有打開的圖表窗口。選中當前激活的窗口。

2. 圖標操作

(1) 打開圖表。

在終端安裝的過程中，創建缺省的圖表夾 Default。在打開終端時會默認並列顯示圖表夾中保存的四個主要貨幣對 EURUSD、USDCHF、GBPUSD、USDJPY 的圖表窗口（如圖 3-6 所示）。每個窗口都可以關閉、改變時間週期、放大到整個圖表窗口，然后點窗口底部的品種標籤可以在不同的品種間切換。如果不小心把品種標籤欄關掉了，可以點「顯示」菜單—圖表工具欄重新顯示。對哪個圖表進行操作，就得單擊圖表區域或品種標籤選中它，使它處於激活狀態。雖然可以不加限制地打開多個品種或同一品種多個週期的新窗口，但是圖表打開過多，不但軟件啓動加載時運行很慢，而且使用過程中在圖表窗口間每次轉換查看時系統都要重新計算圖表數據，也會導致系統變慢。

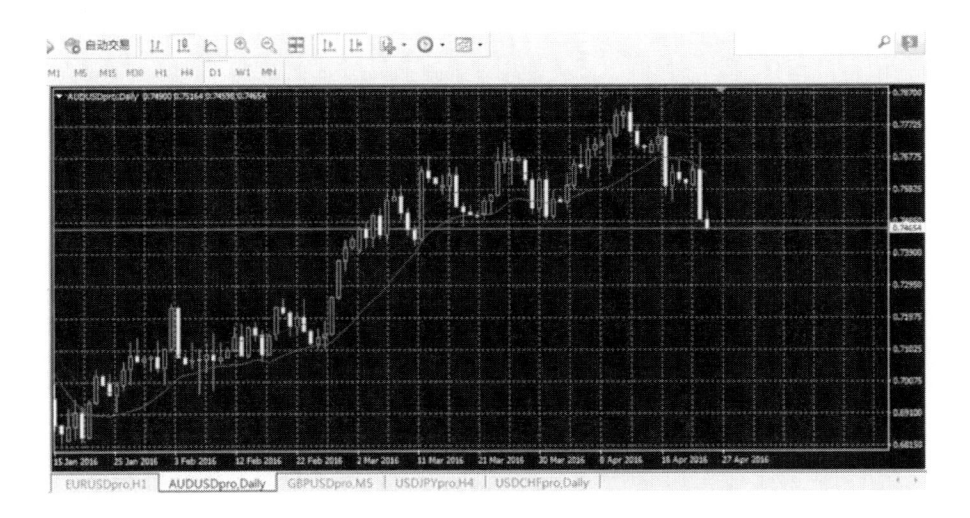

圖 3-6　圖表窗口

有四種方式可以打開一個新圖表：①使用「常用按鈕」中 操作；②點擊「文件菜單—新圖表」；③點擊「窗口菜單—新窗口」；④市場報價窗口選中某個品種，點擊右鍵「圖表窗口」。新圖表打開后系統會自動保存，不會丟失。

(2) 設置圖表屬性。

圖表是一種金融品種價格動態的時間模型，可以執行主菜單「圖表—屬性」來顯

示圖表屬性窗口，也可以通過圖表的右鍵菜單選擇「屬性」或直接按 F8 鍵來顯示。在此窗口中可以自定義圖表顏色（顏色頁中），如圖 3-7 所示：

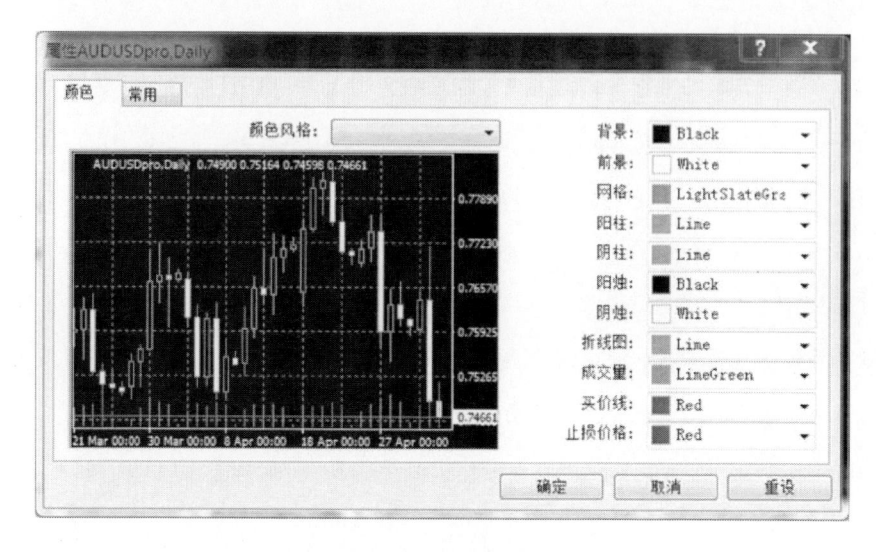

圖 3-7　圖表屬性

◇ 背景——整個圖表的背景。

◇ 前景——坐標軸、刻度和開高低收價格。

◇ 網格——網格。

◇ 陽柱——陽線的框線。

◇ 陰柱——陰線的框線。

◇ 陽燭——陽線的實體部分。

◇ 陰燭——陰線的實體部分。

◇ 折線圖——折線圖和十字星。

◇ 成交量——成交量線。

◇ 賣出價線——圖表中顯示的賣出價水平線。

◇ 止損價位——止損止贏價位的水平線。

窗口左邊的圖中能即時看到修改顏色的結果。除了手工選中顏色以外，在「顏色風格」的下拉列表框中還可以選擇預定義的風格：「Yellow on Black」「Green on Black（默認）」or「Black on White」。在選擇不同的顏色風格時，對此風格的描述顏色也會改

變。我們自己的顏色風格必須保存在模板裡才不會丟失。

此窗口還能自定義常規圖表屬性，切換到「常規」屬性頁並選擇所需選項，如圖 3-8 所示：

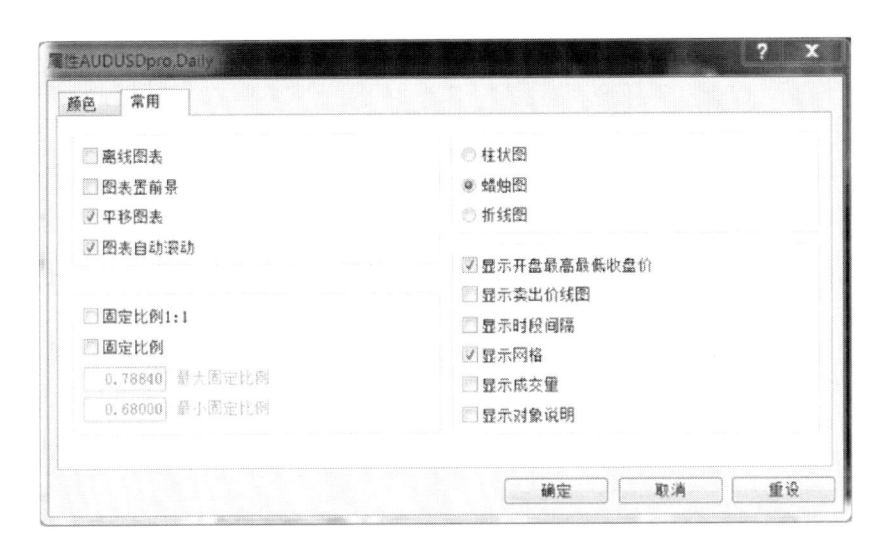

圖 3-8 「常規」屬性頁

◇ 離線圖表——切換圖表到離線模式。選中這個選項將不能接收新的即時報價，也不能用新的價格數據畫圖。取消此選項后就能接收和畫出新的價格數據。打開離線圖表模式（主菜單「文件—打開離線歷史數據」），此選項自動選中。

◇ 圖表置前景——選中此選項，圖表價格數據會放置在屏幕最前端，所有的分析對象都放於其后。此選項也可以通過主菜單「圖表—圖表置前景」實現。

◇ 平移圖表——允許/禁止從窗口的右側移動圖表以使圖表窗口右側留出空白。在圖表工具條上選擇 或者選擇主菜單「圖表—圖表平移」功能相同。

◇ 圖表自動滾動——允許/禁止當收到新的報價時圖表向左滾動。在圖表工具條上選擇 或者選擇菜單「圖表—自動滾動」功能。

◇ 固定比例 1：1——固定圖表比例為 1：1。

◇ 固定比例——固定圖表比例。終端中的所有圖表缺省為自動縮放比例。選中此選項將不再自動縮放比例而是固定比例，此時「最大固定比例」和「最小固定比例」被激活。

◇柱狀圖——顯示圖表為柱狀圖表。在圖表工具條上選擇⊥或者選擇主菜單「圖表—柱狀圖」或按快捷鍵 ALT+1 功能。

　　◇蠟燭圖——顯示圖表為日本蠟燭圖表，就是我們平時所用的 K 線。在圖表工具條上選擇⊡或者選擇主菜單「圖表—蠟燭圖」或按快捷鍵 ALT+2，功能相同。選中蠟燭樣式，再點一下放大按鈕⊕才能看清蠟燭形狀。

　　◇折線圖——顯示圖表為用收盤價連接起來的曲線。在圖表工具條上選擇⊠或者選擇主菜單「圖表—折線圖」或按快捷鍵 ALT+3，功能相同。

　　◇顯示開盤最高最低收盤價——在圖表的左上角顯示/隱藏 OHLC 價格（開盤價、最高價、最低價、收盤價）。

　　◇顯示賣出價線圖——在圖表上顯示/隱藏賣出價線圖。

　　◇顯示時段間隔——顯示/隱藏時間區間，從 1 分鐘到 1 小時圖用天來區隔；4 小時圖用周來區隔；日線圖用月來區隔；周線圖和月線圖用年來區隔。同樣也可以通過「程序選項」來實現相同的操作。

　　◇顯示網格——顯示/隱藏圖表窗口的網格。右鍵菜單、主菜單「圖表」中的「顯示網格」命令或者快捷鍵 Ctrl+G 與此功能相同。

　　◇顯示成交量——顯示/隱藏成交量。右鍵菜單、菜單「圖表」中的「成交量」命令或者快捷鍵 Ctrl+L 與此功能相同。

　　◇顯示對象說明——顯示/隱藏圖表中的對象說明。

　　注意：圖表屬性設置完畢，要點確定按鈕退出。重設按鈕是恢復默認的意思。

　　3. 添加技術指標

　　技術分析指標是指將金融品種的價格和/或成交量進行數學運算，以預測未來的價格變化。技術分析指標信號能幫助決定是否開倉或平倉。通過功能屬性判斷，技術分析指標能分為兩類：趨勢指標和震盪指標。趨勢指標可以確立價格向某個方向運動以及同時或滯后出現的價格拐點。震盪指標可以提前或同時確立價格的拐點。添加技術指標是圖形分析的核心環節。如何合理地搭配技術指標在圖表上，需要一定的技巧和長時間的總結。如果技術指標添加過多，將會占用大量內存，嚴重地會造成死機。

　　(1) 添加技術指標：有三種方式可以為當前激活的圖表窗口添加技術指標。①點

插入菜單—技術指標—單擊某個指標（見圖3-9）；②點「常用」工具條中的 ![] 操作；③在導航器窗口的技術指標和自定義指標裡雙擊某個指標或者拖動到圖表窗口。在彈出的指標屬性窗口中可以修改指標參數、線型（雙擊左鍵修改）、顏色、應用時間週期範圍和添加水平線等，設置完畢點確定按鈕生效，點重設按鈕恢復默認設置（見圖3-10）。

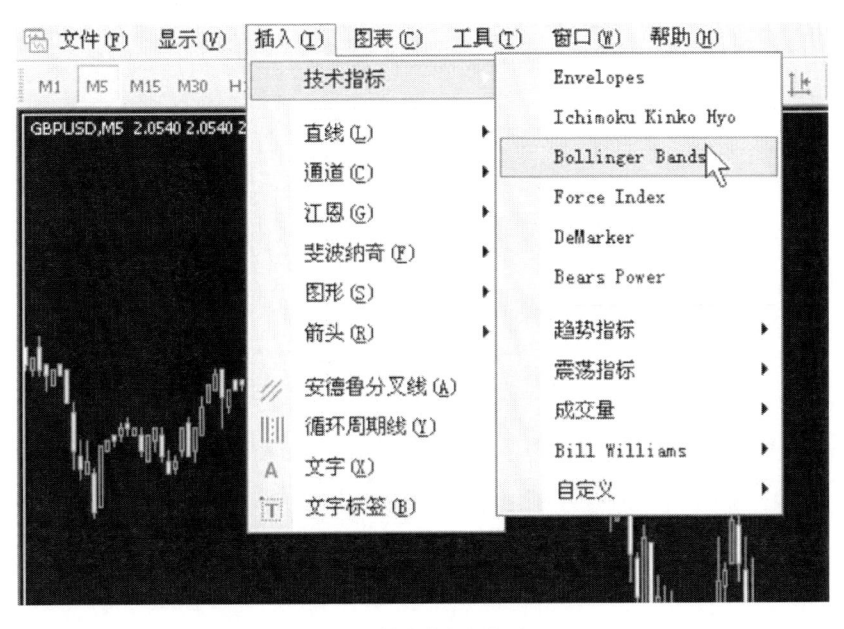

圖3-9 技術指標添加窗口

圖3-10 指標屬性窗口

(2) 添加自定義技術指標：MT4 終端提供了強大的自編指標功能，用戶既可以自己設計編寫指標，還可以從網路上尋找並下載他人提供的自定義指標。將指標文件 (.ex4) 放到 MT4 安裝目錄 \ experts \ indicators 這個文件夾裡，然后重啟 MT4，應用時點插入菜單—技術指標—自定義指標或者雙擊點導航器窗口中的自定義指標就可以了。如果指標文件是.mq4（源碼文件），在此文件上雙擊打開 MetaEditor 編輯器，點擊工具欄菜單「編寫」按鈕即可生成. ex4 文件。

(3) 修改技術指標：技術指標添加到圖表以后，仍然可以修改。在指標線上點右鍵「屬性…」，或通過在圖表空白處點右鍵菜單「技術指標列表」，或點圖表菜單「技術指標列表」，然后選中指標再點編輯按鈕，打開指標屬性設置窗口進行修改（見圖 3-11）。

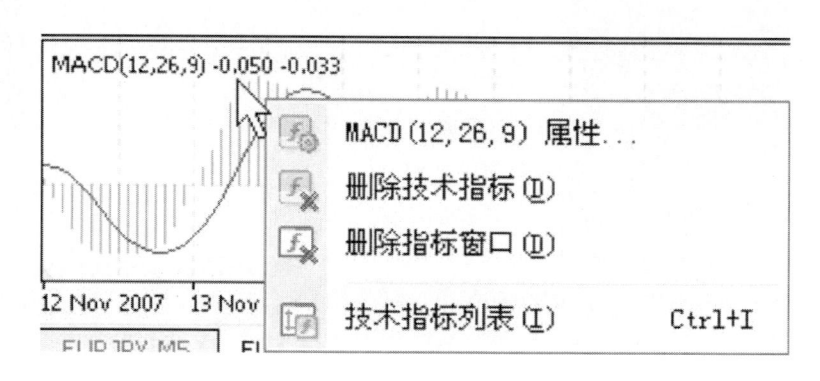

圖 3-11　技術指標修改窗口

(4) 刪除技術指標：若想刪除技術指標，則在指標線上點右鍵「刪除技術指標」，或通過在圖表空白處點右鍵菜單「技術指標列表」，或點圖表菜單「技術指標列表」，然后選中指標再點刪除按鈕。如果一個副圖指標窗口只有一個技術指標，那麼右鍵菜單中「刪除技術指標」和「刪除指標窗口」是一樣的。

(5) 疊加技術指標：主圖窗口可以無限制地疊加主圖技術指標，重複添加指標過程即可；副圖指標窗口不但可以疊加參數不同的相同指標（實現單線變多線），還可以疊加具有相近水平坐標位的不同副圖指標，以節省屏幕空間。疊加方法是先設置好副圖指標，再在導航器窗口把要添加的指標用鼠標拖放到這個副圖指標窗口，在彈出的指標屬性窗口設置好參數點確定完成。指標的疊加便於利用指標的多指標、多參數的

共振來提高分析的成功率。

（6）查看指標數值：將鼠標光標放在技術指標的線條上，會提示技術指標的數值。也可以點主菜單「顯示—數據窗口」或使用快捷鍵「Ctrl+D」或點「常用按鈕」中的 ✥ 打開數據窗口，然后在圖表上水平移動鼠標指針，就可以得到坐標位的全部指標數值。

4. 下單

（1）開倉。

開倉是交易的第一步，是根據市價單或掛單指令進行的。

（a）市價單

市價單是以市場當前價格成交的訂單。買入是以交易商作為賣方的叫價（賣出價）成交的，賣出是以交易商作為買方的出價（買入價）成交的。市價單中可以同時設置止損和獲利訂單。

訂單可通過訂單控制窗口「新訂單」發出執行指令。此窗口可以使用主菜單中「工具—新訂單」指令打開；或使用熱鍵 F9；或在「市場報價」窗口和「終端—交易」窗口中使用右鍵菜單的「新訂單」命令；也可以在「市場報價」窗口中用鼠標雙擊金融品種的名稱。對於市價單，必須在打開的新訂單窗口中，在交易類型框裡選擇「市價成交」（默認即是）。

新訂單窗口上必須設定：

◇ 商品——選擇所要交易的金融品種，默認顯示當前圖表對應的品種或者在市場報價窗口所選中的品種。

◇ 手數——選擇下單的數量，也可以手工輸入。

◇ 止損價——設定止損價格，默認是零，表示不設。如果輸入數值后想改回零，可用 Delete 鍵或 Backspace 鍵修改。

◇ 獲利價——設定止贏價格，默認是零，表示不設。如果輸入數值后想改回零，可用 Delete 鍵或 Backspace 鍵修改。

◇ 註釋——填寫註釋內容，註解的大小不可超過 25 個字符。

◇ 賣/買——選擇下單方向，建立多倉或空倉。

◇允許成交價和報價的最大偏差——不選或選擇零表示不允許滑點成交。有時市場變化太快，允許滑點更便於成交。

訂單設定好以后，點擊買或賣按鈕后，即彈出成交信息窗口，點擊確定關閉窗口。成交后的訂單將顯示在「終端—交易」窗口，圖表上也將顯示開倉部位的下單價格水平。在按下「賣」或「買」按鈕後，若遇價格波動劇烈，則「重新報價」窗口可能會出現，要求對新價格進行確認。

（b）掛單

掛單交易是在未來的價格等於設定的價格水平時才以市價成交。在掛單的同時也可以設置止損和獲利價。掛單交易包括四種類型：

限價買單（Buy Limit）——設置在未來某個低於當前市場價格水平的位置買入，屬於逆勢建倉。

止損買單（Buy Stop）——設置在未來某個高於當前市場價格水平的位置買入，屬於順勢追漲。

限價賣單（Sell Limit）——設置在未來某個高於當前市場價格水平的位置賣出，屬於逆勢建倉。

止損賣單（Sell Stop）——設置在未來某個低於當前市場價格水平的位置賣出，屬於順勢殺跌。

和市價單一樣，首先打開新訂單窗口，然后在交易類型框裡選擇「掛單交易」。此掛單窗口除了和市價單相同的以外，必須設定：

◇類型——選擇掛單的類型（限價買單、止損買單、限價賣單、止損賣單）。

◇價位——設定下單價格水平。

◇到期日——設定訂單的有效時間。

◇下單——發送執行訂單命令。

點擊「下單」按鈕后，掛單將顯示在「終端—交易」窗口裡。可以雙擊或通過右鍵菜單進行修改或刪除。當掛單在市價達到預設價格成交建倉後，在「終端—交易」窗口中的掛單記錄會被刪除，開倉記錄將顯示出來。在「終端—帳戶歷史」窗口中仍可以看到完整的掛單記錄。

(c) 止損

止損設置的目的是，在金融品種價格開始向無盈利方向運行時，使虧損最小化。該設置常常不是與開倉就是與掛單交易結合。開倉後也可以為訂單添加止損。若要添加止損或修改，則需要使用「終端—交易」窗口的右鍵菜單「修改或刪除訂單」命令，或用鼠標左鍵雙擊修改頭寸（掛單交易）。在彈出訂單窗口后，您需要在「止損」欄輸入需要的價格。一旦訂單的此欄有變動，將會存儲新的價格。如果要刪除此止損，那麼此欄必須顯示零。在每項操作執行完成后，應按下「修改訂單」按鈕。在設定止損價之後，在圖表窗口會顯示訂單價格水平的標記。設定於掛單交易的止損僅在掛單交易成交與開倉后才能被激活。當市價達到預設止損價格后，系統將執行平倉操作，在「終端—交易」窗口中的開倉記錄會被刪除，在「終端—帳戶歷史」窗口中仍可以看到完整的交易記錄。

(d) 止贏（獲利價設置）

對於止贏，有的交易平臺叫作限價，止贏設置是為了在金融品種價格達到預期水平之后進行獲利了結。操作與上面的止損說明類似。

(e) 追蹤止損

追蹤止損也叫移動止損，是為了當開倉頭寸向盈利的方向變動時，相應地不斷跟進止損位。一旦價格回調到跟進後的止損位置，便可以及時執行平倉，以保住大部分盈利成果。此工具對下述情況尤其有用：價格向單一方向劇烈移動時（在沒有深幅回調時具有明顯的趨勢），以及沒有可能密切監視市場變化的情況下。

設定追蹤止損需執行「終端—交易」窗口的右鍵菜單「追蹤止損」命令，選定一個期望的追蹤點數。從追蹤止損設置的那一刻起，終端每接收一次報價都會核算頭寸的盈利並跟進止損位置。每次自動修改止損設置都會在日誌中做出記錄。取消追蹤止損，需要選中「終端—交易」窗口的右鍵菜單「追蹤止損」中的參數「無」；若終止所有自動追蹤止損功能，則需要選中「終端—交易」窗口的右鍵菜單「追蹤止損」中的參數「全刪」命令。

注意：自動移動止損功能僅在客戶端有效，不同於止損和止贏在服務器中的情形。因此，若終端退出后，自動追蹤止損功能將不再有效。

（f）鎖倉

鎖倉也叫鎖單、對沖，是新開倉一個與現有開倉訂單方向相反的頭寸，以鎖住盈虧。解鎖時，平掉其中那個對預期不利的訂單即可。鎖單的好處是享受交易商提供的不占用保證金的政策，其他並無實際用途。

2. 平倉

平倉是交易的第二步，平倉以后才構成完整的交易。平倉有三種情況，分別是主動平倉、掛單平倉、強制平倉。

（1）主動平倉。

主動平倉是指自己根據對行情的判斷，認為平倉的時機成熟而手工市價平倉。在已開倉訂單上點右鍵「平倉」或直接雙擊已開倉訂單，打開平倉窗口，點「平倉…」按鈕即可完成以市價平倉。

（2）掛單平倉。

掛單平倉是指在已開倉訂單設置了止贏和止損價格的前提下，當市價達到所設置的價格時，系統會自動平倉。掛單指令是在服務器端執行的，無需人工干預。

（3）強制平倉。

強制平倉是指當由浮動虧損而導致帳戶淨值低於平臺規定的最低維持保證金水平時，系統會自動強制平掉所有倉位。要注意的是，如果遇市場價格劇烈波動，可能會跳過強制平倉點平掉，而導致實際虧損金額高於理論數值。

三、實訓案例

（一）中國工商銀行網銀實盤交易流程

中國工商銀行網銀實盤交易流程如圖 3-12 所示：

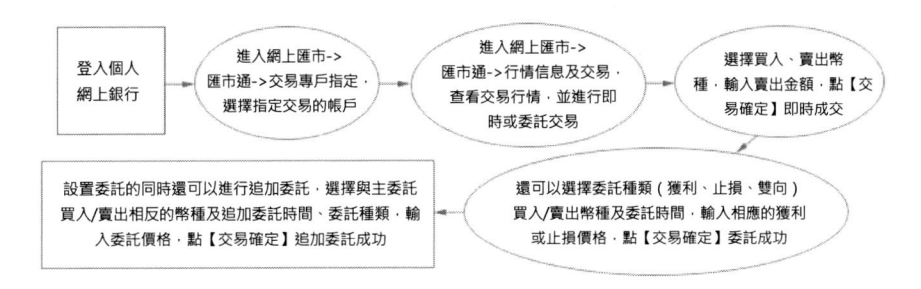

模塊三　個人外匯交易模擬實驗　61

```
┌──────┐    ┌──────────┐    ┌──────────┐    ┌──────────┐
│登入個人│ →  │進入網上匯市->│ →  │進入網上匯市->│ →  │選擇買入、賣出幣│
│網上銀行│    │匯市通->交易專戶指定,│    │匯市通->行情信息及交易,│    │種,輸入賣出金額,點【交│
│      │    │選擇指定交易的帳戶│    │查看交易行情,並進行即│    │易確定】即時成交│
└──────┘    └──────────┘    │時或委託交易│    └──────────┘
                              └──────────┘
```

設置委託的同時還可以進行追加委託,選擇與主委託買入/賣出相反的幣種及追加委託時間、委託種類,輸入委託價格,點【交易確定】追加委託成功

還可以選擇委託種類(獲利、止損、雙向)買入/賣出幣種及委託時間,輸入相應的獲利或止損價格,點【交易確定】委託成功

圖 3-12　中國工商銀行網銀實盤交易流程

1. 登錄個人網銀帳號

操作如圖 3-13 所示:

圖 3-13　個人網上銀行登錄

2. 進入外匯通

操作如圖 3-14 所示:

圖 3-14　進入外匯通

3. 選擇交易盤，查看行情

操作如圖 3-15 所示：

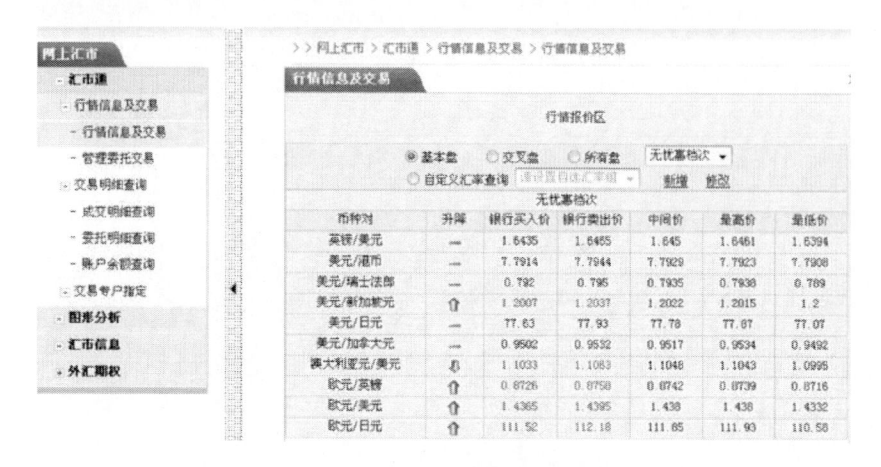

圖 3-15　查看交易盤行情

4. 選擇交易方式

操作如圖 3-16 所示：

圖 3-16　選擇交易方式

5. 明細查詢

操作如圖 3-17 所示：

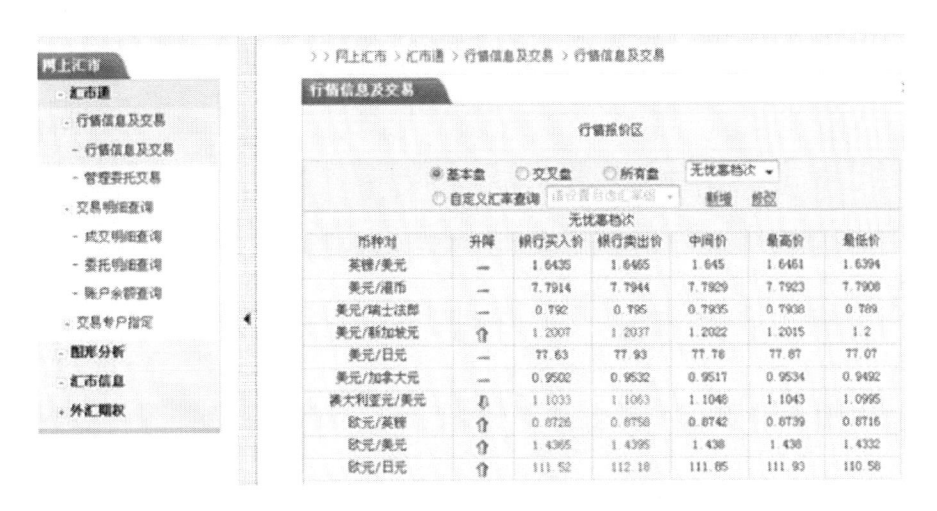

圖 3-17　查詢明細

(二) 通過 ForexMT4 軟件進行歐元兌美元的交易流程

(1) 建立模擬帳戶。

在文件中點擊「開新模擬帳戶」，點擊「下一步」，如圖 3-18 所示：

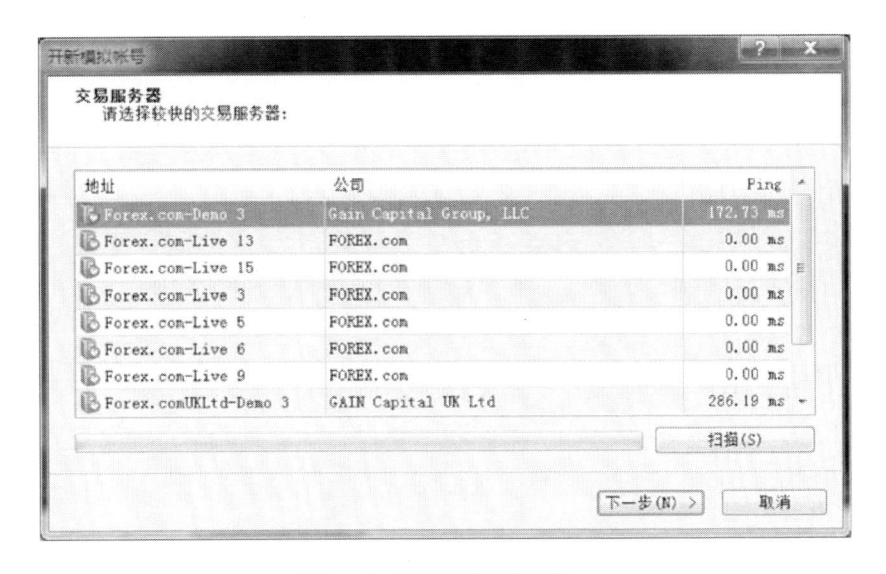

圖 3-18　建立模擬帳戶操作一

（2）選擇新的模擬帳戶，點擊「下一步」，如圖 3-19 所示：

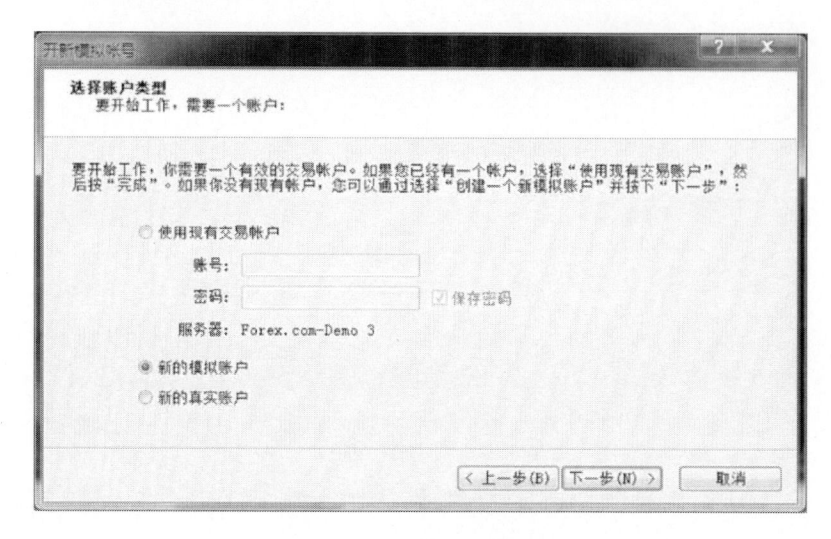

圖 3-19　建立模擬帳戶操作二

（3）依次填入個人信息，選擇帳戶類型、開戶貨幣、交易倍數、存款額。注意：每項都為必填項，並選擇「我同意閱讀你們的新聞簡報」，點擊「下一步」。如圖 3-20 所示：

圖 3-20　建立模擬帳戶操作三

（4）註冊成功，記下生成的模擬帳戶名和密碼，並點擊「完成」。如圖 3-21 所示：

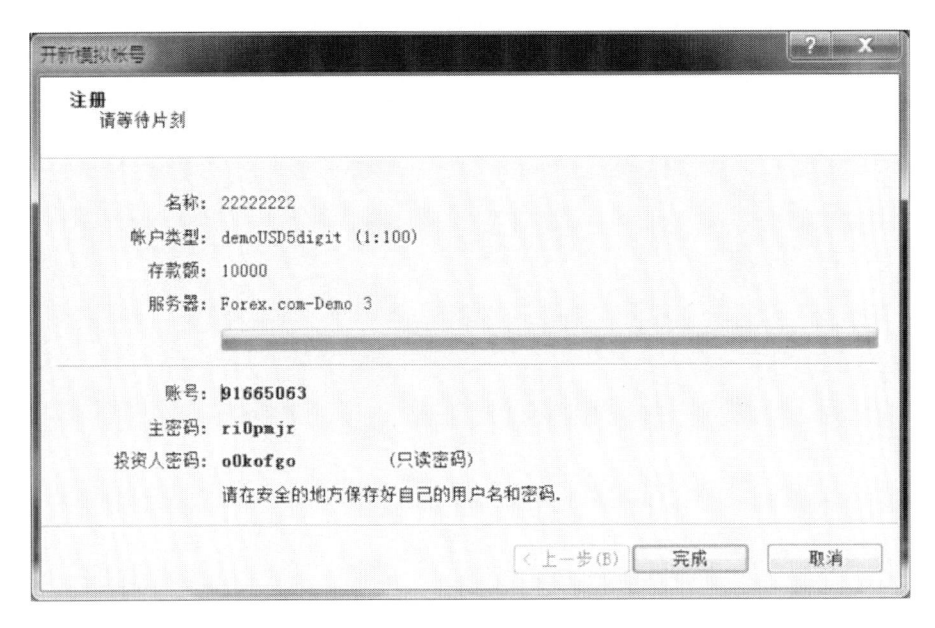

圖 3-21　建立模擬帳戶操作四

（5）進入軟件界面，如圖 3-22 所示：

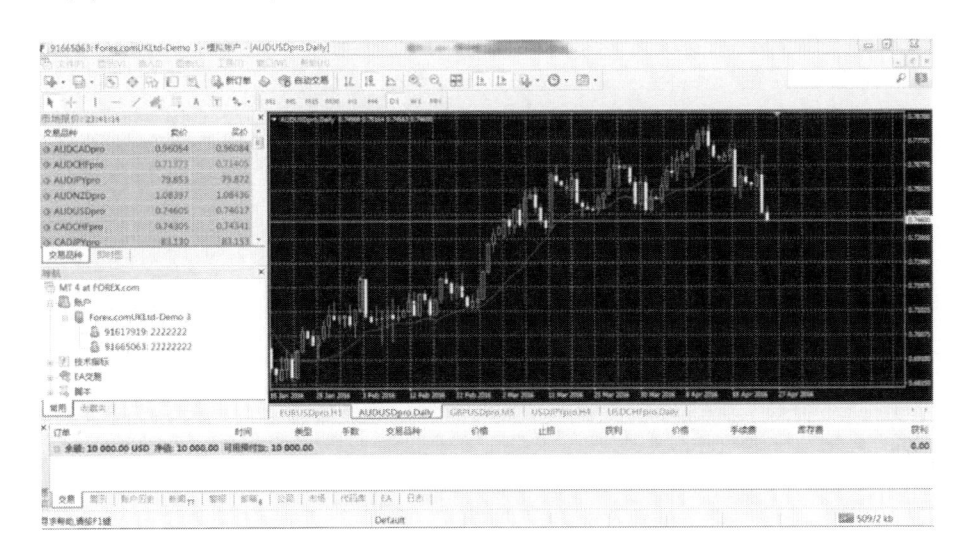

圖 3-22　模擬帳戶界面

（6）選定歐元兌美元行情窗口，如圖 3-23 所示：

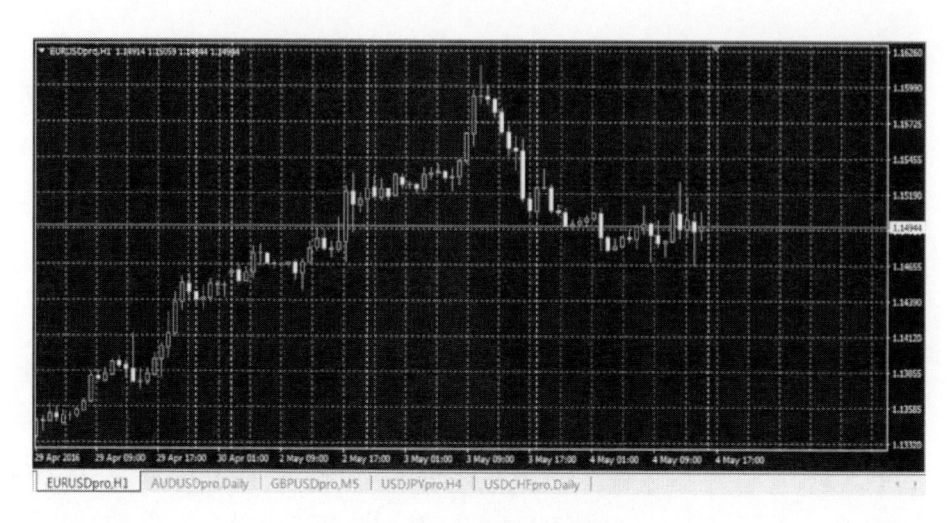

圖 3-23　選定歐元兌美元行情窗口

（7）修改圖表背景顏色，並放大 K 線圖，選擇日 K 線，如圖 3-24 所示：

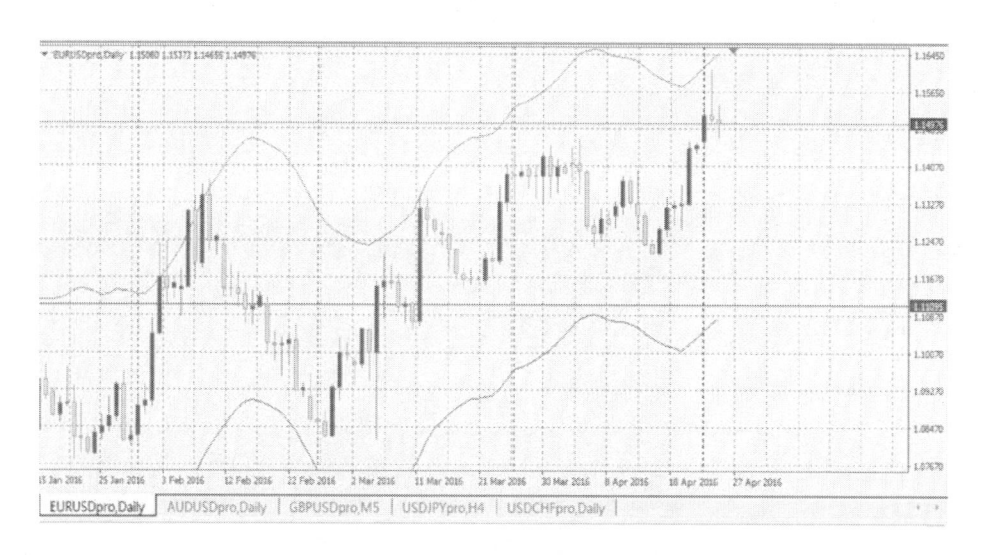

圖 3-24　選擇日 K 線

（8）添加均線和 MACD 技術指標，如圖 3-25 所示：

圖 3-25　添加均線和 MACD 技術指標

（9）下單，點擊「新訂單」，選擇歐元兌美元，市價賣出，交易 1 個合約，如圖 3-26 所示：

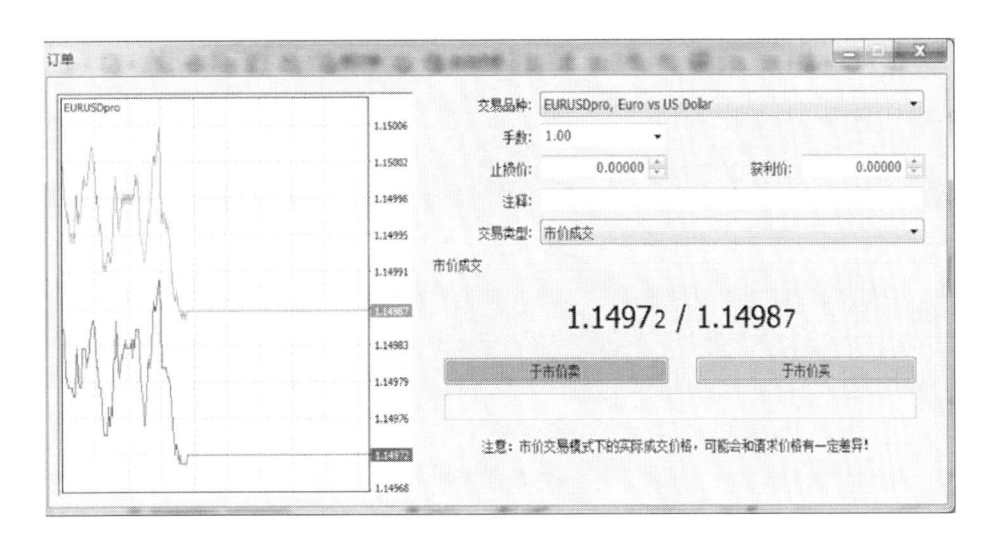

圖 3-26　下單操作界面

（10）訂單生成，點擊「OK」，如圖 3-27 所示：

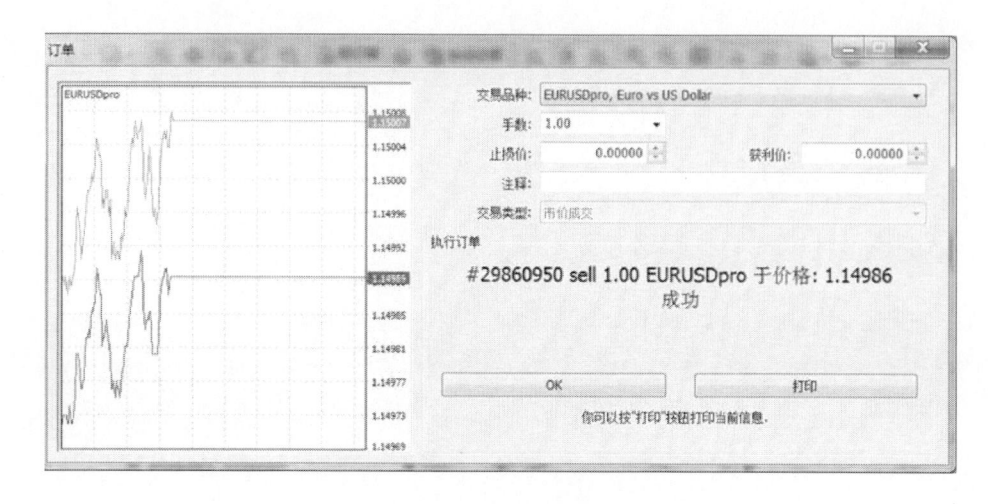

圖 3-27　訂單生成界面

（11）查看交易情況，如圖 3-28 所示：

圖 3-28　查看交易情況

（12）計算名義槓桿和真實槓桿。

名義槓桿為註冊時所選擇的交易倍數的 100 倍，真實槓桿為 $10,000/1,150=8.69$。

（13）右擊，點「平倉」。

四、實訓任務

（1）請合理控制真實槓桿。在本模塊中，要求所有的模擬交易的真實槓桿控制在 20 倍以內。每次交易需要說明以及證明所使用的槓桿率。

（2）查詢中國外匯銀行的個人外匯交易業務。首先，收集各銀行個人外匯實盤交易的有關資料，並根據收集的資料進行比較。內容包括：個人外匯實盤的成本、業務

基本流程、交易平臺及其操作流程。其次，查詢中國外匯銀行個人外匯保證金交易。請用表格列出銀行、外匯交易名稱、交易貨幣種類、外匯交易類型等。

（3）註冊一個工商銀行的模擬帳號，進行模擬外匯交易，熟悉外匯交易的界面和基本操作，要求至少使用一次委託交易。

（4）註冊 ForexMT4 軟件模擬帳號，並修改圖表顏色，選定一組貨幣對進行掛單交易，下單后平倉。

實訓二　個人外匯交易基本面分析

　　基本面分析是指對宏觀基本因素及其變化對匯率走勢造成的影響進行研究，從而判斷匯率走勢的分析方法，因此基本分析有預測性。基本面是匯率走勢的根源，匯率是經濟基本面的數字體現。影響基本面的因素主要包括各國經濟特徵和貨幣本身的特性。基本面分析的對象是主要交易的六個貨幣對：USD/JPY、USD/CHF、USD/CAD、AUD/USD、GBP/USD、EUR/USD。

一、實訓目的和要求

1. 掌握基本面分析的特點，瞭解基本面分析的內容
2. 熟悉影響各國貨幣的主要因素，掌握經濟因素對貨幣走勢的影響
3. 掌握經濟分析當中的長期影響因素和短期影響因素
4. 掌握各國貨幣本身的特性及其對貨幣走勢的影響
5. 會應用基本面分析對匯率進行預測

二、實訓原理

（一）基本面分析的含義及內容

　　基本面分析是指對宏觀基本因素及其變化對匯率走勢造成的影響進行研究。各國貨幣走勢的基本面分析主要包括經濟特徵和貨幣本身的特徵。基本面分析既能對貨幣走勢進行長期預測，也能對貨幣短期走勢進行預測。而且在外匯交易當中，基本面分析極其重要。其中，經濟分析主要包括經濟理論和經濟數據的分析，而貨幣本身的特徵則是指根據各國貨幣受到的政治、地緣、人文、軍事以及該國經濟特徵等各方面的

不同影響而形成的各自的特點。

(二) 影響匯率的經濟因素

各種基本面因素中最重要的是經濟因素。各國的經濟面是該國貨幣匯率波動最強大的原動力。經濟因素的分析包括經濟理論和經濟數據兩方面的研究。經濟理論是基本分析的核心基礎，經濟數據的建立和闡述都是某種經濟學理論、經濟事件（比如重大會議）的展開。經濟數據通常對外匯市場具有短期的衝擊力。

1. 經濟因素

影響匯率走勢的經濟因素包括購買力平價、經濟增長、利率政策、就業報告、國際貿易、通貨膨脹、開工率、庫存率、新房開工率、消費者信心指數、先行指標等經濟數據，還包括重要的經濟事件，比如貨幣當局官員的講話、研究機構的研究報告等。其中，購買力平價與匯率走勢長期呈現明顯的相關性。利率政策、非農就業人數、貿易收支、通貨膨脹等會對匯率產生短期的衝擊。

對於經濟因素的分析，首先要弄清楚經濟理論，即該因素與其他因素之間的關係以及與匯率之間的關係。比如央行的干預，國家相關機構對外匯市場的干預在短期內對匯率的走勢影響很大。一般來說，在外匯市場的價格出現異常大的，或是朝同一方向連續幾天的劇烈波動時，中央銀行往往會直接介入市場，通過商業銀行進行外匯買賣，以試圖緩解外匯行市的劇烈波動。然后要分析經濟數據。經濟數據會使匯率產生重要的短期變化，因此經濟數據公布的時間非常重要（見表 3-1）。其次是經濟數據公布的三個數值。經濟數據包括前值、實際值和預期值。在實際值公布之前，預期值相對前值的變化可能會影響匯率的短期走勢。當實際值公布以後，實際值與預期值之間的關係將對匯率走勢產生巨大的衝擊。

表 3-1　　　　　　　　影響美元走勢的經濟指標

經濟指標	公布頻率	公布時間	來源
美聯儲公開市場委員會會議聲明	每年八次	每次議息會議后	美聯儲
消費者物價指數（CPI）	每月	當月的第二周或第三周	勞工部
生產者物價指數	每月	月份結束后 2 周	勞工部

表3-1(續)

經濟指標	公布頻率	公布時間	來源
供應管理協會製造業調差	每月	下月第一個工作日	供應管理協會
就業形勢分析（數據）	每月	月份結束后第一個周五	勞工部
每週失業救濟申請人數	每週	周四	勞工部
耐用品訂單	每月	月份結束后3~4周	商務部
零售銷售額	每月	月份結束后第二周	商務部
消費者信心指數	每月	當月最后一個周二	經濟咨商局(會議局)
消費者情緒調查（初值和終值）	半月	每月第二個周五（初值）和最后一個周五（終值）	密歇根大學
EIA 石油儲存報告	每週	周三	能源信息署
領先經濟指標	每月	月份結束后第三周	經濟咨商局(會議局)
工業產值和設備利用率	每月	下月月中	美聯儲
國際貿易	每月	第二周	商務部
國內生產總值	每季	每季結束第一個月的最后一週	商務部
個人收入和支出	每月	月份結束后4~5周	商務部
新屋動工和建造許可證數字	每月	月份結束后2~3周	商務部
二手房銷售數據	每月	月份結束后4周	全美房地產經紀人協會
新屋銷售數字	每月	月份結束后四周左右	商務部
每週住房抵押貸款申請	每週	周三	抵押貸款銀行家協會

註：重要程度從高到低排序：非農就業數據、美聯儲公開市場委員會利率決定、貿易收支、消費者物價指數、零售額、國內生產總值、經常帳、耐用品訂單、國際資本流入報告。

2. 經濟原理

（1）利率政策。

任何貨幣都會受到利率政策的影響，其重要性適應於各國貨幣。各國利率調整以及央行的貨幣政策動向對短期匯率走勢的影響都是最重要的。同時，市場對利率以及貨幣政策的預期也可能造成貨幣匯率的大幅波動。但利率對匯率的影響是不確定的，可能引起本幣升值也可能引起本幣貶值，具體要依情況而定。關鍵是要看提高利率吸引資金流入和提高利率引起資本市場價格下跌的資金外流兩個方面的博弈結果。如果前者的影響大於後者，則本幣升值；反之則本幣貶值。同時要留意股市的下跌是一種

由於利率上升引起的短時間的調整，還是一種由於經濟增長受阻而出現的中長期下跌趨勢。

真實利率始終是市場也是央行關注的焦點。無論是美聯儲還是日本銀行，還是俄羅斯聯邦中央銀行，無論是加息還是減息，都是圍繞真實利率展開的。這說明真實利率才是至關重要的宏觀經濟和金融指標。一個國家的名義利率不可能長期脫離合理的真實利率（2%左右）。過高則抑制經濟增長，過低則導致資源浪費。

兩種貨幣所屬國的利率差異會導致套息交易的興盛。所謂的套息交易策略就是利用了兩國利率的差異，同時從匯率趨勢中獲利。這種策略既賺取了息差，也能夠獲得匯率本身的價差。但對於個人交易者而言，在全世界不同的帳戶中存取資金以便獲得息差是存在難度的，因為零售外匯交易業務的息差足以抹平其中的收益。不過對於對沖基金和投資銀行這類機構投資者而言，低成本接近全球市場並賺取息差是完全做得到的。因此，他們在低風險的前提下就可以穩健地利用利率差異獲得收益。套息交易使得高息貨幣得到資金的追捧，因而高息貨幣的走勢會得到強有力的支持。個人外匯交易者可以通過跟蹤息差變化和息差預測來洞悉匯率走勢。

（2）就業報告。

美國非農就業報告是美國市場最關注的數據。它包括：非農就業人數淨變動、失業率、製造業就業人數、平均時薪。其中，非農就業報告被稱為皇冠上的寶石，尤其是在經濟復甦階段，就業成為了和反通脹同樣重要的目標。就業報告所顯示的就業情況越好，越有利於美元升值；否則，美元貶值。

（3）通貨膨脹。

國內外通脹的差異是決定匯率長期趨勢的主導因素。在不兌現的信用貨幣條件下，兩國之間的比率，是由各自所代表的價值決定的。如果一國通貨膨脹高於他國，該國貨幣在外匯市場上就會趨於貶值；反之，就會趨於升值。美國的通脹情況主要通過美國的消費物價指數和生產者物價指數來體現。

（4）國際貿易。

一般而言，在一定的條件下，一個國家的貨幣匯率下降，表示本國貨幣貶值，這將有利於本國擴大出口，減少進口，取得貿易順差。如果一國貨幣升值，將有利於進

口，而不利於出口，長此以往將使本國貿易出現逆差。

（5）經濟增長。

經濟復甦，溫和的通貨膨脹出現，就業增加，產出增加，價格溫和上升，生產能力還有部分剩餘，但在逐漸縮小產出缺口，產出能力大於需求，但在逐漸接近，匯率升值；經濟持續增長，控制中的通脹出現，產出能力等於需求，匯率升值；經濟見頂，經濟泡沫出現惡性通脹，就業停滯，甚至有些下滑，產出能力基本利用，產能利用率達到飽和，產出能力小於需求，匯率貶值。

決定經濟增長的直接因素包括：投資量，與經濟增長呈正比；勞動量；生產率，是指資源（包括人力、物力和財力）利用的效率，提高生產率也會為經濟增長直接做出貢獻。一般來說，在經濟比較發達的國家或階段，生產率的提高對經濟增長的貢獻較大。在經濟比較落後的國家或階段，資本投入和勞動投入的增加對經濟增長的貢獻較大。

3. 經濟數據

外匯交易中，通常出現「消息入市，證實平倉」的現象。因為經濟數據公布前會影響市場預期，但這種現象並不一定會出現，而是要視數據重要性、市場焦點等因素的影響，所以在解讀經濟數據時，在真實數據公布前，預期值非常重要，而真實數據公布時，其與預期值之間的關係是市場關注的焦點。真實數據跟預期值相差越大，震撼效應就越高。而具體的數據價值有多高，則可依據數據公布引起的日均波幅來估計。在這個過程中，掌握市場焦點非常重要，能夠幫助我們確定數據的重要性。

（1）就業報告通常被譽為外匯市場能夠做出反應的所有經濟指標中的「皇冠上的寶石」。它是市場最敏感的月度經濟指標。投資者通常能從中看出眾多市場敏感的信息。其中，外匯市場特別重視隨季節性調整的每月就業人數的變化情況。比如，強勁的非農就業情況表明了一個健康的經濟狀況，並可能預示著更高的利率，而潛在的高利率促使外匯市場推動該國貨幣價值。

（2）匯市對 GDP 的增長率的關注程度更高於對其絕對值的關注，特別當實際數據與經濟學家的預測相去甚遠時，更會對匯市造成重大衝擊。GDP 增長速度越快，表明該國經濟發展越快；增速越慢，表明該國經濟發展越慢；如 GDP 陷入負增長，則該國

毫無疑問地陷入了經濟衰退。一般來講，若 GDP 維持較快的增速，將會對該國貨幣帶來支撐；反之對該國貨幣起到利空作用。就美國來說，國內生產總值維持 3%的增長，表明經濟發展是健康的。低於 1.5%，顯示經濟放緩和有步入衰退的跡象。更多的時候用失業率來衡量經濟情況：4%為正常水平，超過 9%則說明經濟處於衰退。

（3）採購經理人指數用於衡量製造業在生產、新訂單、商品價格、存貨、雇員、訂單交貨、新出口訂單和進口八個範圍的狀況。有全國採購經理人指數和芝加哥採購經理指數兩種，如數值低於 50，表明經濟形勢不妙，高於 50 表明製造業處於擴張階段；如當月數值遠低於上月數值，表明經濟增長放緩。

（4）領先指數是預測未來經濟發展情況的最重要的經濟指標之一，是各種引導經濟循環的經濟變量的加權平均數。通常來講，外匯市場會對領先指數的劇烈波動做出強烈反應。領先指數的猛增將推動該國貨幣走強，領先指數的猛跌將促使該國貨幣走軟。其他國家比如日本、瑞士、加拿大、德國等也會公布領先指數。德國的 ZEW 經濟景氣指數和 IFO 經濟景氣指數也包含一定領先指數的意味。

（5）消費零售數據。消費者信心指數反應出消費者對未來經濟狀況的預期，從而影響其目前的消費行為，從另外一個側面顯示經濟的繁榮和衰退的週期性變化。

零售數據對於判定一國的經濟現狀和前景具有重要指導作用，因為零售銷售直接反應出消費者支出的增減變化。一國零售銷售額的上升，代表該國消費支出的增加，經濟情況好轉，利率可能會被調高，對該國貨幣有利；反之如果零售銷售額下降，則代表景氣趨緩或不佳，利率可能調整，對該國貨幣偏向利空。汽車銷售能很好地反應出消費者對經濟前景的信心。

汽車銷售情況是我們瞭解一國經濟循環強弱情況的第一手資料，早於其他個人消費數據的公布。汽車銷售還可以作為預示經濟衰退和復甦的早期信號。汽車銷售額的上升，預示著該國經濟轉好和消費者消費意願增強，對該國貨幣利好，同時可能伴隨著貨幣利率的上升，刺激該國貨幣匯率上揚。

消費者信貸餘額包括用於購買商品和服務的將於兩個月及兩個月以上償還的家庭貸款。外匯市場關注的是隨季節調整的超前淨信貸餘額。一般來講，消費者信貸餘額的增加表明消費支出和對經濟的樂觀情緒增加。這種情形通常產生於經濟擴張時期。

信貸餘額的下降表明消費支出減少，並可能伴隨著對未來經濟活動的悲觀情緒。通常來講，如果消費者信貸餘額不出現大幅波動，外匯市場對該數據的反應並不強烈。

（6）物價指數。消費者物價指數是反應與居民生活有關的產品及勞務的價格的物價變動指標，通常作為觀察通貨膨脹水平的重要指針。消費者物價指數上升太快，有通貨膨脹的壓力，此時中央銀行可能會通過調高利率來加以控制，對一國貨幣來說是利多。不過，消費者物價指數升幅過大，表明通貨膨脹已經成為經濟不穩定的因素。此時，央行會面臨緊縮的貨幣政策和財政政策的風險，從而造成經濟前景不明朗。故該指數過高的升幅並不被市場歡迎。

生產者物價指數主要用於衡量各種商品在不同生產階段的價格變化情況。它與消費者物價指數一樣，通常作為觀察通脹水平的重要指標。對於外匯市場，更加關注的是最終產品PPI的月度變化情況。一般而言，當生產者物價指數增幅很大而且持續加速上升時，該國央行相應的反應是採取加息對策阻止通脹快速上漲，則該國貨幣升值的可能性增大；反之亦然。

（7）新屋開工及營建許可在各國公布的數據體系中一般佔有較重要的地位，因為住宅動工的增加將使建築業就業人數增加，新近購房的家庭通常會購買其他耐用消費品，使其他產業的產出和就業增加。通常來講，新屋開工與營建許可的增加，理論上對該國貨幣來說是利好因素，將推動該國貨幣走強，而新屋開工與營建許可的減少或低於預期，將對該國貨幣形成壓力。

（8）財政赤字累積過高時，對於該國貨幣屬於長期的利空。此時，為了要解決財政赤字，只能靠減少政府支出或增加稅收。這兩項措施對於經濟或社會的穩定都會產生不良的影響。若一國財政赤字加大，該國貨幣會下跌；反之，若財政赤字縮小，表示該國經濟良好，該國貨幣會上揚。

（9）經常帳。順差表明本國的淨國外財富或淨國外投資增加。逆差表示本國的淨國外財富或淨國外投資減少。

（10）生產能力數據。生產能力數據包括產能利用率和耐用品訂單兩個指標。產能利用率是實際生產能力到底有多少在運轉並發揮生產作用。當產能利用率超過95％，代表設備使用率接近全部，通脹的壓力將隨產能無法應付而急速升高；在市場預期利

率可能升高的情況下，對一國貨幣利多。反之，如果產能利用率在 90% 以下，且持續下降，表示設備閒置過多，經濟有衰退的現象；在市場預期利率可能降低的情況下，對該國貨幣利空。

耐用品訂單代表未來一個月內，對不易耗損的物品的訂購數量。該數據反應了製造業活動情況。該統計數據包括了國防部門用品及運輸部門用品。這些用品均為高價產品。這兩個部分數據對整體數據有很大的影響，故市場也較注重扣除國防部門用品及運輸部門用品后數據的變化情況。總體而言，如該數據增長，則表示製造業情況有所改善，利好該國貨幣；反之，若降低，則表明製造業出現萎縮，對該國貨幣利空。

（11）平均小時薪金是用平均每小時和每週收入衡量私人非農業部門的工作人員的工資水平。該指標存在著一定的易變性和局限性，但仍然是一個月中關於通貨膨脹的頭條消息。外匯市場主要關注每月和各年隨季節調整的平均每小時和每週工資的變化情況。一般而言，如果預計平均小時薪金能引起利率的上漲，那麼每小時工資的迅速上漲對該國貨幣而言將形成利好。

（12）IFO 經濟景氣指數是由德國 IFO 研究機構編製的，是觀察德國經濟狀況的重要領先指標。IFO 經濟景氣指數，是指對包括製造業、建築業及零售業等各產業部門每個月均進行調查。由於 IFO 經濟景氣指數為每月公布的信息，並且調查了企業對未來的看法，而且涵蓋的部門範圍廣，因此在經濟走勢預測上的參考性較高。

（13）ISM 指數是由美國供應管理協會公布的重要數據，對反應美國經濟繁榮度及美元走勢均有重要影響。ISM 供應管理協會製造業指數由一系列分項指數組成，其中以採購經理人指數最具代表性。該指數通常以 50 為臨界點，高於 50 被認為是製造業處於擴張狀態，低於 50 則意味著製造業的萎縮，影響經濟增長的步伐。

（14）日本短期數據。日本政府每季會對近 1 萬家企業進行未來產業趨勢調查，調查企業對短期經濟前景的信心，以及對現時和未來經濟狀況與公司盈利前景的看法。負數結果表示對經濟前景感到悲觀的公司多於感到樂觀的公司，而正數則表示對經濟前景感到樂觀的公司多於感到悲觀的公司。歷史數據顯示，日本政府每季公布的企業短期報告數據極具代表性，能準確地預測日本未來的經濟走勢，因此與股市和日本匯率波動有相當的聯動性。

經濟數據重要性可參考指標如下：

(a) 五星指標：失業率（包括就業數據報告、失業率等）、物價指數（CPI、PCE、PPI）、利率（美國每年公布八次）、製造業調查報告（製造業的相關指數）、德國 IFO 經濟景氣指數。

(b) 四星指標：國內生產總值（每季度公布一次）、貿易余額、耐用品訂單、採購經理人指數、日本經濟觀察報告（每季度公布一次）、新屋開工及建造許可證。

4. 經濟事件

在這裡所指的經濟事件包括與經濟相關的一國的政治、文化、市場等事件以及經濟新聞、報告等。一國的經濟事件很多。在基本面分析當中，應把握市場焦點來篩選重要的經濟事件。只有與市場焦點相關的經濟事件才會對匯率產生影響。

當某些政治事件即將發生時，由於其中所涉及的不確定性，因此事情不明朗時，外匯匯率通常會走軟。在某些情況下，市場可能對事件結果相當有把握，匯率也會預先反應相關的預期，或是上升，或是下降。在政治和新聞事件發生之前，往往首先會出現一些傳言。外匯交易市場對各種政治和新聞傳言會做出相應的反應。如果傳言確實可信，匯率會產生反應；當傳言被證實，市場可能不再有反應。

(三) 貨幣本身的特性

1. 貨幣分類

(1) 商品貨幣：主要涉及這些貨幣所屬國家的資源和出口傾向。澳元和加元是典型的商品貨幣。澳大利亞和加拿大的特徵主要是貨幣利率高、出口占國民生產總值的比例較高、兩者都是某種重要的初級產品的主要生產國和出口國、貨幣匯率與某種商品或者黃金價格同向變動。

澳大利亞在煤炭、鐵礦石、銅、鋁、羊毛等工業品和棉紡品的國際貿易中占絕對優勢。因此，這些商品價格的上漲，對澳元的正面影響是很大的。另外，儘管澳洲不是黃金的重要生產國和出口國，但是澳元和黃金價格正相關的特徵比較明顯。此外，澳元是高息貨幣。美國方面的利率前景和體現利率前景的國債收益率的變動對其影響較大。

加拿大是西方七國裡最依賴出口的國家，其出口占其 GDP 的四成，而出口產品主要是農產品和海產品。另外，加元是非常典型的美元集團貨幣（美元集團指的是那些同美國經濟具有十分密切關係的國家，主要包括同美國實行自由貿易區或者簽署自由貿易協定的國家，以加拿大、拉美國家和澳洲為主要代表），其 80% 的出口面向美國，與美國的經濟依存度極高。這表現在匯率上，就是加元兌主要貨幣和美元兌主要貨幣的走勢基本一致。另外，加拿大是西方七國裡唯一一個石油出口的國家，因此石油價格的上漲對加元是大利好，使其在對日元的交叉盤中表現良好。

（2）投機貨幣：英鎊和日元都屬於投機貨幣。恰好這兩個國家處在歐亞大陸兩邊，都是島國，有太多相似的地方。英鎊是曾經的世界貨幣，目前則是最值錢的貨幣。每日的波動也較大，特別是其交易量遠遜於歐元，因此其貨幣特徵就是波動性較強。倫敦作為最早的外匯交易中心，其交易員的技巧和經驗是頂級的，而這些交易技巧在英鎊的走勢上得到了很好的體現。因此，英鎊相對於歐元來說，人為因素較多，特別是短線的波動。那些交易員對經驗較少的投資者的「欺騙」可謂「屢試不爽」。因而，短線操作英鎊是考驗投資者功力的試金石，而那些經驗和技巧欠缺的投資者，對英鎊最好敬而遠之。

英鎊屬於歐系貨幣，與歐元聯繫緊密。因英國和歐元區在經濟、政治方面密切相關，且英國為歐盟重要成員國之一。因此，歐盟方面的經濟政治變動，對英鎊的影響頗大。2016 年 6 月 24 日，英國成功脫歐，之后英鎊與歐元之間的聯繫較之前可能會相對弱化。此外，英國發現，北海的存在使其成為 G7 裡少數能石油自給的國家。油價的上升在一定程度上還利好於英鎊。相對日元，英鎊兌日元的交叉就有較好的表現。

因為日本國內市場狹小，其經濟為出口導向型經濟。特別是在日本經濟衰退時期，出口成為國內經濟增長的救命稻草，因此，經常性的干預匯市，使日元匯率不至於過強。保持出口產品競爭力成為日本習慣的外匯政策。日本央行是世界上最經常干預匯率的央行。且日本外匯儲備豐富，干預匯市的能力較強。因此，對於匯市投資者來說，對日本央行的關注當然是必需的。日本方面干預匯市的手段主要是口頭干預和直接入市。因此，日本央行和財政部官員的言論對日元短線波動的影響頗大。這是短線投資者需要重點關注的，也是短線操作日元的難點所在。

日本經濟與世界經濟緊密聯繫，特別是與主要貿易夥伴，如美國、中國、東南亞地區密切相關。因此，日元匯率也較易受外界因素影響。日本雖是經濟大國，但是政治傀儡，可以說是「美國的小伙計」，唯美國馬首是瞻。因此，日本匯率政策受美國影響較大。

石油價格的上漲對日元是負面的。雖然日本對石油的依賴日益減少，但是心理上依舊依賴。

(3) 避險貨幣：由於歐亞大陸各國縱橫交錯，因此國際爭端較多。美國却有先天的地理優勢，故美國在兩次世界大戰中都充當了避險的角色，現在仍然如此。但傳統意義上的避險貨幣則是瑞士法郎。瑞士是傳統的中立國。瑞士法郎也是傳統的避險貨幣，故在政治動盪期，能吸收避險資金。另外，瑞士憲法曾規定，每一瑞士法郎必須有40%的黃金儲備作支撐。雖然這一規定已經失效，但是瑞士法郎同黃金價格是心理上仍具有一定的聯繫。黃金價格的上漲，能帶動瑞郎一定程度的上漲。

瑞士是一個小國，因此決定瑞郎匯率的因素更多的是外部因素，主要是美元的匯率。另外，因其也屬於歐系貨幣，故平時基本上跟隨歐元的走勢。

瑞士法郎貨幣量小。在特殊時期，特別是政治動盪會引發對其大量的需求時，它能很快推升其匯率，且容易使其幣值高估。

另外，由於美國擁有全球最強大的軍事力量，處在歐亞大陸之外，因此當歐元大陸的邊緣和中心受到政治動盪和軍事紛爭困擾時，美國是很好的資金避險港。美元有時也充當避險貨幣的角色，但同時也要考慮到美國對這些政治動盪和軍事紛爭的控制能力。

(4) 歐系貨幣：在地理位置上屬於歐洲的國家所發行的貨幣都屬於歐系貨幣。歐元占美元指數的權重為57.6%，比重最大。因此，歐元基本上可以看做美元的對手貨幣。投資者可參照歐元來判斷美元強弱。歐元的比重也體現在其貨幣特性和走勢上。因為比重和交易量大，所以歐元是主要非美幣種裡最穩健的貨幣，如同股票市場裡的大盤股，常常帶動歐系貨幣和其他非美貨幣，起著「領頭羊」的作用。因此，新手入市，選擇歐元作為主要操作幣種，頗為有利。

同時，歐元面世僅數年，歷史走勢頗為符合技術分析，且走勢平穩，交易量大，

不易被操縱，人為因素較少。因此，僅從技術分析角度而言，對其較長趨勢的把握更具有效性。除了一些特殊市場狀況和交易時段，一般而言，對於重要點位和趨勢線以及形態的突破，可靠性都是相對較強的。

一國政府和央行對貨幣都會進行符合其利益和意圖的干預，區別在於各自的能力不同。由於美國的國家實力、影響力、政治結構，因此美國政府對貨幣的干預能力頗強。可以說，美元的長期走勢基本上可以按照美國的意圖，而歐元區的政治結構相對分散，利益分歧較多，意見分歧相應也多。因此，歐盟方面影響歐元匯率的能力也大打折扣。當歐美方面因利益分歧在匯率上出現博弈時，美國方面占上風是毋庸置疑的。

另外，瑞郎和英鎊也屬於歐系貨幣，因此大部分時候波動一致。

（5）美系貨幣：美系貨幣也是要關注的一個重點貨幣團體。所謂美元集團指的是那些同美國經濟具有密切關係的國家，主要包括同美國實行自由貿易區或者簽署自由貿易協定的國家，以加拿大、拉美國家和澳洲為主要代表。同時，將要成為美元集團的還有亞洲的新加坡（簽訂雙邊自由貿易協定）。新加坡經濟今後對美國的依賴程度將進一步加大。新加坡雖然處在亞洲，深受日元的影響，但是未來也將會在很大程度上追隨美元的走勢。

我們通常說，美元集團貨幣和商品貨幣有一些區別。這種區別主要表現在這些國家同美國經濟的關係是否極為密切。這表現在匯率上面，加元兌主要幣種的走勢同美元兌主要幣種的走勢基本一致。因此從嚴格意義上講，加元是特別典型的美元集團貨幣。同時鑒於澳洲和美國的經濟聯繫相對小於加拿大，而其匯率和商品貨幣更有關聯性，因此其商品貨幣的屬性要大於加元，但通常基本上可以認為加元、澳元既是商品貨幣又是美元貨幣。

另外，雖然同屬於美元集團，或者說具有類似的特點和屬性，但是各國的經濟週期同美國並不完全一致，有的時候稍稍滯后一些，有的時候則會提前一些。因此，商品貨幣的走勢，特別是加元、澳元同美元的聯繫也不盡相同。

（6）亞系貨幣：主要以日元為代表。當面臨全球經濟不平衡風險時，人民幣的升值壓力往往體現在日元的升值上。

2. 貨幣特徵

（1）美元。美元是我們首先研究的對象。美元是全球硬通貨、各國央行主要貨幣儲備。美國的政治經濟地位決定美元的地位。同時，美國也通過操縱美元匯率為其自身利益服務，有時不惜以犧牲他國利益為代價。美國的一言一行對匯市的影響重大，因此，從美國自身利益的角度考量美國對美元匯率的態度，對把握匯率走勢非常重要。

美國國內金融資本市場發達，同全球各地方聯繫緊密，且國內各市場也密切相關。因為資金隨時能在逐利目的下於匯市、股市、債市間流動，也能隨時從國內流向國外，所以這種資金的流動對匯市的重大影響不言而喻。比如，美國國債的收益率的漲跌，對美元匯率就有很大影響，特別是在匯市關注點注重美國利率前景時。因國債對利率的變化敏感，投資者對利率前景的預期的變化，敏銳地反應在債市。如果國債收益率上漲，將吸引資金流入，而資金的流入，將支撐匯率的上漲，反之亦然。因此，投資者可以從國債收益率的漲跌來判斷市場對利率前景的預期，以做出匯市投資決策。重要經濟指標包括 GDP、就業數據、消費部門指標（消費者信心指數、零售銷售指數等）、投資支出指標（新屋開工率、耐用品訂單）、生產者價格指數、消費者價格指數、國際收支指標（國際貿易逆差、淨資本流入）、預算赤字、領先指標等。

（2）歐元。歐洲央行控制歐元區的貨幣政策。歐洲央行的政策的首要目標就是穩定價格。其貨幣政策有兩大主要基礎：一是對價格走向和價格穩定風險的展望。價格穩定主要通過調整後的消費物價指數（HICP）來衡量，使其年增長率低於 2%。HICP 尤為重要，由一系列指數與預期值組成，是衡量通貨膨脹的重要指標。二是控制貨幣增長的貨幣供應量（M3）。政治因素和其他匯率相比，EUR/USD 最容易受到政治因素的影響，如法國、德國或義大利的國內因素。主要的經濟數據包括國內生產總值、通貨膨脹數據（CPI 或 HCPI）、工業生產指數、失業率、IFO 經濟景氣指數以及經濟信心指數等。

（3）瑞郎。瑞郎是傳統的避險貨幣。瑞士憲法曾經規定瑞郎的發行必須有 40%的黃金準備。至今，瑞郎與黃金仍然保持非常高的關聯度，黃金和瑞郎通常保持同漲同跌的趨向。因其也屬於歐系貨幣，瑞郎與歐元的走勢通常保持一致。瑞士央行也會經

常干預瑞郎匯率，使其與歐元保持同步。最常交易的是歐元/瑞郎貨幣對。瑞郎與美元的走勢基本上是相反的，美元/瑞郎的走勢基本可以反應美元指數的走勢，交易者可以通過美元/瑞郎來觀察美元的走勢。重要的經濟指標包括黃金價格、KOF 領先指標、消費者物價指數、GDP、國際收支、工業生產指數、零售銷售等指數。

（4）英鎊。英國脫歐之前，英鎊與歐元聯繫緊密。歐盟方面的經濟政治變動，對英鎊的影響頗大。脫歐后，預計英國和歐盟之間還會繼續保持親密關係。英鎊/美元的交易比歐元/英鎊更活潑，但英鎊/美元對美國的發展動向更敏感。英國有世界上最大的能源公司，能源行業占 GDP 的 10%。英鎊與能源價格，特別是石油價格具有正相關關係，油價的上升在一定程度上還利好於英鎊。英格蘭銀行實施通貨目標值，零售物價通脹率控制在 2.5%，英格蘭銀行的政策走向和調整受其影響較大。重要的經濟指標包括利率、資本流動性比率、就業、零售物價指數、GDP、工業產值、採購經理指數、新屋開工率等。

（5）日元。日本本土自然資源匱乏，市場狹小，因此其經濟是出口導向型經濟。日元受日本財政部的（制定財政和貨幣政策的唯一部門）影響超過美國、英國和德國。日本央行是世界上最經常干預匯市的中央銀行。因此，日本中央銀行的言論和政策對日本的短線波動影響較大，是交易者需要重點關注的。日本以 3 月 31 日作為財政年度的終止時間，9 月底是半個財政年度。因此，每到這兩個月份，外匯市場日元的交易非常活躍，日元容易階段性走強。重要經濟指標包括日本的季度短觀調查報告（4、7、10、12 月中旬）等。日本匯率也較易受外界因素的影響。日經 255 指數是日本主要的股票市場指數。當日本匯率合理降低，整個日經指數也會上漲。

（6）澳元。澳元是典型的商品貨幣。澳元價值與煤炭、鐵礦石、銅、鋁等商品價格正相關。同時，澳元也會受到黃金和石油價格的影響。澳元是高息貨幣，有很明顯的收益性。

（7）加元。加拿大是西方七國裡最依賴出口的國家，其出口占其 GDP 的四成，而出口產品主要是農產品和海產品。加元是非常典型的美元集團貨幣，其出口的 80% 是美國，與美國的經濟依存度極高。表現在匯率上，就是加元兌主要貨幣和美元兌主要

貨幣走勢基本一致。按出口在 GDP 中所占的比率，加拿大分別是美國和日本的四倍和兩倍。因此，雖然在大家的認識中都認為日本是一個出口外向型的國家，但是實際上，加拿大是西方七強裡依賴出口最重的國家。

三、實訓案例

(一) 歐元及美元特性及其市場的焦點分析

1. 根據美元的特性

(1) 美國的財政政策和貨幣政策以及美聯儲的相關會議和言論。

(2) 美國的股票指數、美元指數。

(3) 美國宏觀經濟：非農就業人數變化、國內生產總值、消費者信心指數、零售銷售指數、貿易帳；生產者物價指數、消費者物價指數、PMI 領先指標。

2. 根據歐元的特性

(1) 歐央行的貨幣政策和各國財政政策。

(2) 歐洲宏觀經濟：經濟增長景氣的指標（包括歐元區和德國的工業產出值、工業訂單、零售銷售指數、貿易帳）；物價指數失業率、IFO 經濟景氣指數以及經濟信心指數等。

(3) 歐元區各國狀況，各國會議尤其是危機后的干預及經濟恢復情況。

3. 2016 年外匯市場的焦點

(1) 美國貨幣政策：加息和量化寬松；

經濟數據：經濟增長、通貨膨脹、非農就業報告；

經濟事件：美聯儲的行動、美聯儲重要官員的報告、市場預期。

(2) 英國脫歐（歐盟）、歐元區經濟恢復情況；

經濟數據：經濟增長、利率；

經濟事件：英國退歐公投前的市場預期、公投結果、公投后的影響及政府干預。

(二) 影響歐元兌美元匯率的重要經濟因素分析

1. 英國脫歐事件

2013 年 1 月 23 日，英國首相卡梅倫首次提及脫歐公投。2015 年 1 月 4 日，英國首相卡梅倫表示，如果有可能，將原計劃於 2017 年進行的公投提前舉行。外媒 2015 年 5 月 28 日報導，英國政府向下議院提交並公布了有關「脫歐公投」的議案，包括公投問題的語句，並承諾將在 2017 年年底之前舉行投票。具體公投時間是 2016 年 6 月 23 日。

公投前，2016 年 6 月 21 日，BBC 組織有關公投的電視辯論；英國國家社會研究中心發布歐盟公投調查報告，指出英國退出歐盟成本高昂，退出歐盟對於英國經濟意味著巨大的衝擊，短期內，退歐影響主要體現在近期經濟發展前景上；長期來看，退歐將通過貿易和海外直接投資等渠道給英國經濟帶來結構變化。6 月 22 日，英國電視臺 Channel 4 舉行公投相關電視辯論。6 月 23 日 14 點投票開始，6 月 24 日 5 點投票結束，7 點陸續公布各地區的公投結果。最終公投結果與民調大相徑庭，脫歐票數領先留歐票數 100 多萬張，脫歐派以 52% 的得票率勝出，最終英國脫歐成功。

公布脫歐后，很快就有人發起舉行第二次公投的網路請願運動，獲得超過 412.5 萬人署名支持。除了發起請願，希望繼續留在歐盟的英國人也一再發起反脫歐的遊行集會。另外，6 月 25 日，英國首相卡梅倫發表聲明宣布將辭職，並表示未來三個月會繼續擔任首相，10 月在保守黨年會選出下任首相。7 月 9 日，英國政府正式拒絕了要求英國就是否脫離歐洲聯盟舉行第二次公投的請願。儘管脫歐對英國經濟會產生極大的影響，但是英國仍然尊重公投結果，拒絕第二次公投，且市場已經基本消化了英國公投的負面結果。如果重新公投又會引起再一次的巨幅波動。為了應對退歐公投對英國經濟的衝擊，市場普遍預期，英國央行可能會降息。

雖然英國不屬於歐元區，但是它有歐盟最大的金融中心，並且是許多歐元區國家的主要貿易合作夥伴。英國脫歐對歐元區的經濟產生嚴重影響，使得歐元區經濟增速放緩。英國脫歐還帶來了一系列的影響，如難民的湧入、對安全問題擔憂的增加等。這會造成不確定性因素的增加，拖累結構改革政策的實施。另外，英國脫歐對歐洲經濟一體化形成極大的挑戰，不利於歐盟的持續穩定。

英國脫歐對英鎊和歐元的匯率都會產生極大的影響，導致英鎊和歐元都出現大幅度的貶值。從脫歐對歐元和英鎊匯率走勢的短期影響來看，從 24 日 6 點到 12 點的 6 個小時裡，歐元和英鎊的匯率出現巨幅波動。歐元兌美元出現大幅下降，波幅達 950 點。英鎊兌美元出現大幅下跌，跌幅達 1,800 點。歐元兌英鎊出現大幅上升，英鎊相對歐元下跌，匯率上升幅度達 700 點（見圖 3-29、圖 3-30、圖 3-31）。

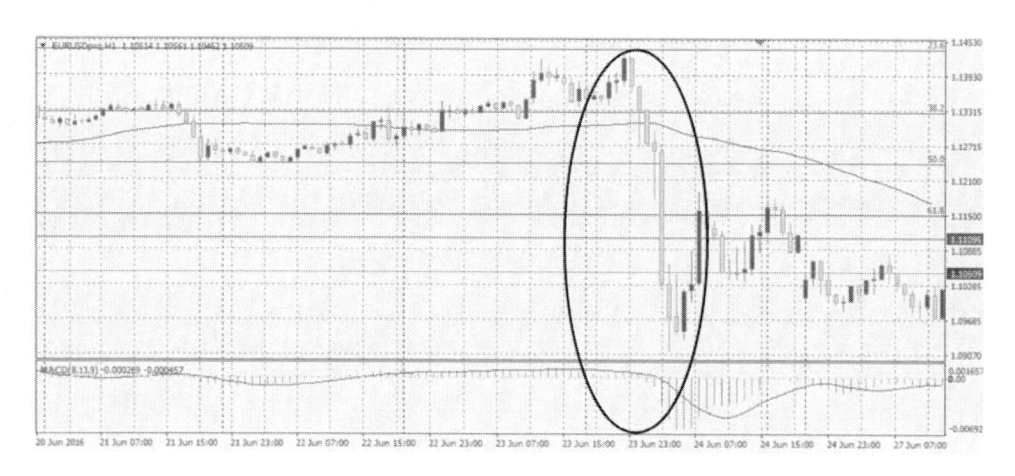

圖 3-29　歐元兌美元 1 小時圖——脫歐前後匯率短期走勢

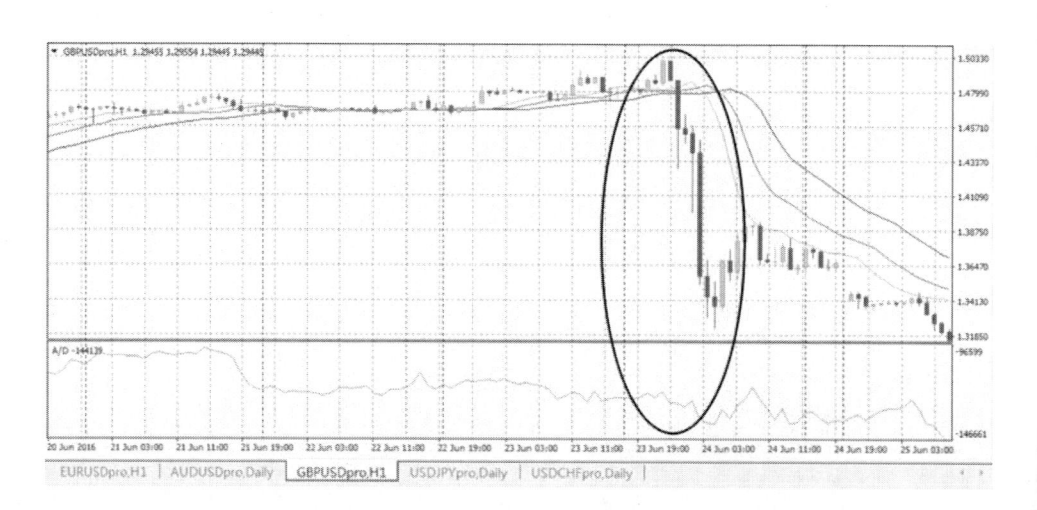

圖 3-30　英鎊兌美元 1 小時圖——脫歐前後匯率短期走勢

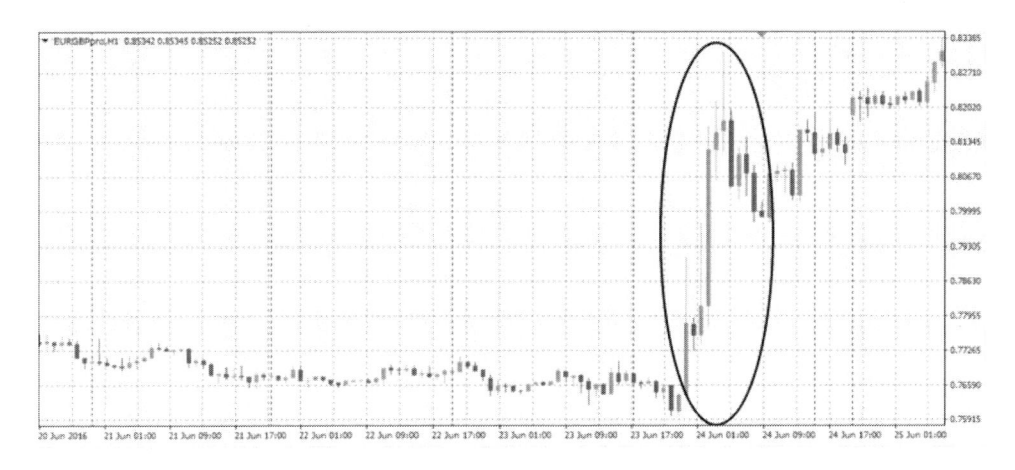

圖 3-31　歐元兌英鎊 1 小時圖——脫歐前後匯率短期走勢

如圖 3-32、圖 3-33 所示，24 日後，英鎊匯率繼續下跌的趨勢比較明顯。歐元有一個回調的階段，7 月初歐元兌美元匯率並沒有跌破 24 日的最低價格。在脫歐之前，英國作為歐盟成員，與歐元聯繫密切；在脫歐後，短期英鎊與歐元之間的聯繫仍然比較密切。脫歐事件對英鎊匯率的影響一方面來自市場對該事件的消化情況，另一方面來自於為應對退歐對經濟造成的負面影響而採取的政府干預。歐元匯率的走勢將仍然受到英鎊匯率走勢的影響以及脫歐對歐元區經濟造成的影響。

圖 3-32　歐元兌美元 4 小時圖——脫歐后的匯率走勢

圖 3-33　英鎊兌美元 4 小時圖——脫歐后的匯率走勢

2. 歐元區經濟情況

在經濟增長和通脹方面，2016 年 7 月 8 日，IMF 預計歐元區今年的經濟增長率為 1.6%，而在脫歐之前的預期為 1.7%。對於明年的經濟預期也從原來的 1.7% 下降至 1.4%。IMF 表示，英國脫歐的效應將會一直持續到 2018 年。屆時歐元區的 GDP 將會是 1.6%，而非 1.7%。全球增長進一步放緩可能阻礙歐元區以內需主導的經濟復甦。英國脫歐的影響進一步擴散、難民急增、安全憂慮加劇和銀行業疲弱等因素可能拖累經濟成長。同時，歐元區本身還面臨失業率高企的情況。2016 年的通脹將會是極低的 0.2%，低於公投前所預計的 0.3%。IMF 對 2017 年通脹的預計也從 1.2% 下降至 1.1%。長期的經濟和通脹增速低迷，也令歐元區經濟更易受到衝擊，而面對沖擊，政策的緩衝顯得非常乏力。

在財政和債務方面，公共和私人債務居高不下。經濟增速加快和利率低（2016 年 3 月開始，利率從 0.05% 下調到目前的 0%）帶來的收益，並不足以彌補赤字和債務。歐盟委員會試圖使歐元區所有國家遵守預算債務規則，即債務量不高於年 GDP 的 3%。這一規定是出於對各成員國的「反歐盟」思潮的警惕，且會對那些剛經歷過財政危機，目前正處在復甦模式的國家造成經濟壓力。

德國 7 月 8 日公布的數據顯示，德國 5 月季調前貿易帳為 210 億，預期為 235 億，前值由 256 億修正為 257 億。德國 5 月季調後進口環比為 0.1%，預期為 0.7%，前值由

-0.2%修正為-0.3%。

在政策方面，無論是應對脫歐的負面影響，還是面臨區內長期的低通脹，歐央行公布但還未實施的寬鬆措施需要一定的時間才能完全體現出效果，特別是歐央行購買企業債以及釋放新一輪的低息貸款。

3. 美聯儲加息的市場預期

2015年12月，美聯儲9年多來首次加息，基準利率上調為0.25%~0.50%，開啓了美聯儲的加息週期。隨后市場對美聯儲加息進行各種預期，美聯儲的高官也發布了一系列的言論。截止到6月，美聯儲已連續四次會議按兵不動。北京時間6月16日凌晨的美聯儲宣布，維持基準利率0.25%~0.50%不變。2016年美聯儲議息會議有四次，分別在7月26~27日、9月20~21日、11月1~2日、12月13~14日。市場預期7月可能成為加息點。考慮到美國大選，9月和11月或不加息，如果美聯儲年內要加息。那麼7月和12月最有可能加息。但美聯儲加息仍然要根據美國的經濟情況，即每月公布的經濟數據。美聯儲加息一方面意味著美國經濟上行趨勢明顯，另一方面從利息高幣值升值的原理來看，都會給美元帶來利好。加息的預期同樣會使美元升值，但市場預期加息推遲或美聯儲議息會議公布維持利息不變，都不利於美元升值。與加息相關的重要官員講話，是除了經濟數據以外非常重要的引導市場預期的因素。比如2016年6月24日，美國達拉斯聯儲主席柯普朗表示，最終升息的一個理由是資產價格被扭曲，美聯儲將密切關注，在做政策決定時我們絕對會考慮到美元因素。如果未來兩三個月經濟表現強勁，美聯儲可能轉而發出更樂觀的信息。美聯儲高官講話大多都表明要在美國經濟強勁的前提下再次加息。因此，美國經濟數據情況是決定加息的主要因素。

4. 美國經濟情況

從美國6月和7月公布的經濟數據來看，美國經濟上行的趨勢並不強勁，其中非農就業人數和失業率數據向好但不穩定（見表3-2）。因此，7月加息的市場預期並不高，美元的升值趨勢將有所減弱。

表 3-2　　　　　　　　　　　　美國經濟數據

公布時間	經濟指標	實際值	預期值	前值	重要性
2016.7.8.20:30	非農就業人數變化	28.7	18.0	3.8	五星
2016.7.8.20:30	失業率	4.9	4.8	4.7	五星
2016.7.8.20:30	平均時薪月率	0.1	0.2	0.2	五星
2016.7.8.20:30	平均每週工時	34.4	34.4	34.4	五星
2016.7.6.21:45	ISM 非製造業採購經理人指數	53.6	53.3	52.9	三星
2016.7.5.22:00	耐用品訂單月率	-2.3		-2.2	四星
2016.7.1.22:00	ISM 製造業採購經理人指數	52.3	51	51.3	五星
2016.7.1.22:00	製造業採購經理人指數終值	51.3	51.2	51.4	五星
2016.6.29.20:00	核心個人消費支出物價指數月率	0.2	0.1	0.2	五星
2016.6.28.20:30	第一季度 GDP 平減指數年率修正值	0.4	0.6	0.6	四星
2016.6.23.21:45	製造業採購經理人指數初值	51.4	50.9	50.7	五星
2016.6.16.20:30	核心消費者物價指數年率	2.2	2.2	2.1	五星
2016.6.15.20:30	生產者物價指數月率	0.4	0.3	0.2	五星
2016.6.3.20:30	非農就業人數變化	3.8	16.0	16.0	五星
2016.6.3.20:30	失業率	4.7	4.9	5.0	五星
2016.6.3.20:30	貿易帳	-374	-410	-404	五星

　　從圖 3-34 可以看出，6 月 3 日公布的非農就業人數變動和失業率的數據低於預期值，給美元造成較大的壓力。歐元兌美元匯率出現大幅上升，日波幅接近 200 點。6 月 16 日，美聯儲決議維持原來利率不變，再次推遲加息。這與英國脫歐公投前後不加息的市場預期一致。但美國經濟數據生產者物價指數和消費者物價指數優於預期值。因此，下跌趨勢持續，出現相較於之前更大的下跌。7 月 8 日，儘管非農數據明顯優於預期值，失業率和平均時薪月率都比較不利於美元升值，但是受到歐元疲軟的影響，歐元兌美元匯率小幅下跌。

圖 3-34 美國經濟數據以及美聯儲加息對歐元兌美元匯率走勢影響

(三) 歐元兌美元匯率預測

綜合分析美元和歐元的經濟情況及其重要的市場焦點，歐元受到脫歐的影響較大，短期內有明顯的貶值趨勢。同時，歐元區內經濟復甦緩慢，政策效果微弱，長期歐元走勢相對也較弱。儘管美元受到加息推遲的預期影響，但是其大部分經濟數據顯示，美國經濟發展趨勢向好，美元升值的推力明顯，因此歐元兌美元匯率暫時會持續下降。由於美元的升值趨勢也並不強勁，因此匯率下降的速度會比較慢（受到 7 月美聯儲加息決議公布等因素的影響可能會有所回調，出現弱勢整理），具體的下降幅度受到美元經濟數據好壞的影響。而待歐元區寬鬆的貨幣政策發生效力，市場逐漸消化脫歐的負面影響以後，這種下降趨勢會有所減弱。

(四) MT4 軟件下單

根據基本面分析，可以認為歐元兌美元匯率會繼續下降。因此於市價賣出 1 手歐元兌美元的標準合約，成交價為 1.104,2，如圖 3-35 所示。同時，要關注美聯儲的加息決議可能引起匯率走勢回調。

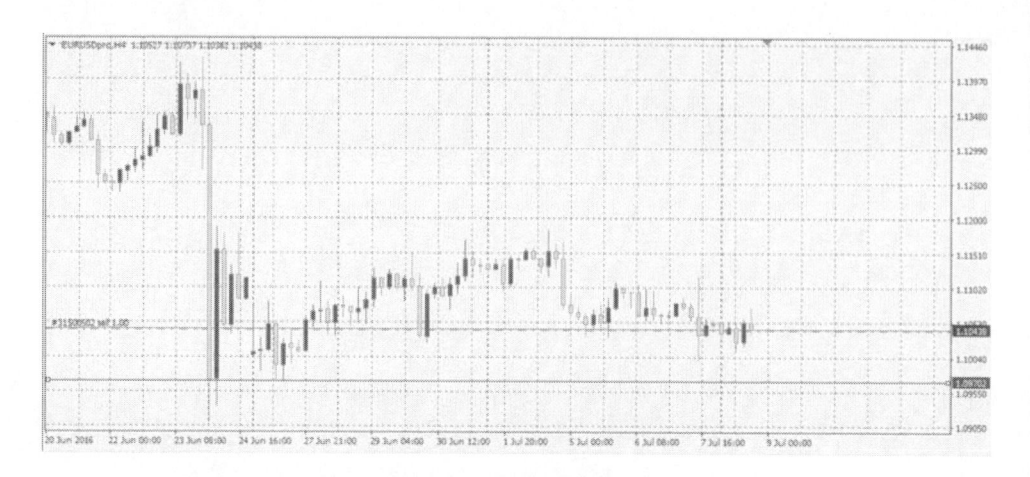

圖 3-35　下單賣出歐元

四、實訓任務

選擇一個貨幣對，根據該貨幣的特性和重要指標判斷影響貨幣匯率的重要因素，尤其是對重要事件的把握。然后收集相關信息和數據，利用其影響機制對貨幣匯率走勢進行判斷，形成自己的匯評報告（對貨幣對匯率走勢進行長期和短期的預測），並進行模擬交易。

（1）選擇要分析的貨幣對。

（2）分析該貨幣對的貨幣特徵。

（3）找到並關注市場焦點。

（4）收集和分析的經濟數據要形成以下表格形式，如表 3-3 所示：

表 3-3　　　　　　　　　　　　　經濟指標情況

經濟指標名稱	實際值	預期值	前值	公布時間	重要性
失業率					
GDP					
…					

（5）分析經濟事件。

（6）通過以上基本面分析對貨幣對匯率進行預測，並形成匯評報告。

（7）下單交易，確定具體的交易數量、交易方法、是否止損。

五、參考網址

參考網址如表 3-4 所示：

表 3-4　　　　　　　　　　　　　　參考網址

名稱	網址
FX168	http://www2.fx168.com/
匯博資訊	http://www.hope888.net/html/data/index.html
和訊網財經日曆	http://forex.hexun.com/
外匯通	http://www.forex.com.cn/html/
美聯儲	www.federalreserve.gov
歐洲中央銀行	www.ecb.int
英格蘭銀行	www.bankofengland.co.uk
日本中央銀行	www.boj.or.jp
俄羅斯聯邦中央銀行	www.cbr.ru

實訓三　個人外匯交易技術分析

技術分析的理論基礎是道氏理論，是指根據匯率走勢的過去表現來預測匯率的走勢。這種方法建立在一定的假設條件之上。主要市場行為包括 3 個方面，即：價格的高低和變化；成交量的變化；完成這些變化所經過的時間。技術分析的核心要素是「勢、位、態」，即分析匯價走勢、匯價形態、交易位置。相對基本面分析，技術分析可以幫助確定出市與入市的匯率。

一、實訓目的和要求

1. 掌握技術分析的含義、假設及三大要素
2. 瞭解技術分析和基本面分析在應用上的不同
3. 瞭解技術分析的理論，熟悉主要應用的技術分析理論
4. 掌握技術分析工具，熟悉主要的技術分析工具
5. 會簡單熟練地應用技術分析對匯率進行預測

二、實訓原理

（一）技術分析的含義、假設及三大要素

1. 技術分析的含義

技術分析是指通過匯率走勢的過去表現來預測匯率的走勢。它以預測市場價格變化的未來為目的，以市場行為的圖形、圖表、形態和指標為手段，使用數學、統計學、價格學等理論對市場行為進行分析研究。

2. 技術分析的假設

第一，市場行為包容消化一切。能夠影響外匯價格的因素包括基礎的、政治的、心理的或任何其他方面的因素。實際上，它們都反應在其價格中。市場行為會引起市場供求發生變化，而價格變化必定反應供求關係。

第二，價格沿趨勢變動。市場一旦形成趨勢，下一步常常是順著現存趨勢的方向繼續演變，因此外匯交易當中應順勢而為。

第三，歷史會重演。既是自然法則作用的結果，也是價格與時間平衡的結果。人們會根據匯價的歷史變化判斷現在的走勢，但並不是說過去的走勢會在現在完全重複上演，而是指現在可能階段性地出現相似的走勢。

3. 技術分析三大要素

技術分析的三大要素包括：價格的高低和變化；成交量的變化；完成這些變化所經過的時間。技術分析可以簡單地歸結為對價、量、時間三者關係的分析。價量關係是基本要素，市場價格可以解釋和反應大部分的行為。收盤價是最重要的價格，而成交量則是確定價格走勢的重要保證。某一時點上的價和量是交易雙方市場行為形成的結果，是雙方力量對比暫時的均衡點。一般來說，買賣雙方對價格的認同程度是通過成交量加以確認的。認同程度大，成交量大；反之，成交量小。雙方的這種認同程度反應在價量關係上就形成價升量增、價跌量減的規律性變化。時間既可消耗能量，又可積蓄能量。隨著時間的推移，雙方的力量對比會發生變化，匯價的運動趨勢也會改變。價格、成交量、時間是技術分析的三維變量，缺一不可。一切技術分析方法都是以價、量、時間為研究對象的。

(二) 技術分析的主要理論

1. 道氏理論

道氏理論是所有金融投資市場技術研究的鼻祖。道氏理論認為證券市場雖然千變萬化，但是和經濟發展一樣都存在著週期性的變化規律，使得證券價格的變化形成一定的趨勢，且這一趨勢可以從價格變動中被識別出來。

道氏理論的基本原則是：

（1）平均價格包容、消化一切因素。市場所有交易行為及其動向，不論是眼前發生的，還是很久以前發生的都被市場通過價格變化消化並吸收掉。

（2）市場具有三種趨勢，分別是主要趨勢、次要趨勢和短暫趨勢。主要趨勢又稱為基本趨勢或長期趨勢，是最重要的，通常持續 1 年以上，有時甚至幾年；次要趨勢又稱為中期趨勢，代表主要趨勢中的調整，通常持續 3 周到 3 個月，其調整幅度為先前趨勢整個進程的三分之一到三分之二的位置；短暫趨勢又稱為日常波動或小趨勢，通常持續不到 3 周，代表次要趨勢中的調整。

（3）主要趨勢可分為三個階段。道氏最關心的是主要趨勢。它通常包括三個階段，即累積階段、大眾參與階段以及派發階段。第一階段稱為累積階段。以熊市末尾、牛市開端為例，所有經濟方面的所謂壞消息已經被市場最終包容、消化，於是那些最機敏的投資者開始精明地逐步買進。第二階段稱為大眾參與階段，絕大多數技術性地順應趨勢的投資人開始跟進買入，從而使價格快步上揚。第三階段稱為派發階段，報紙上好消息連篇累牘，經濟新聞捷報頻傳，大眾投資者積極跟風，買賣活躍，投機性交易量日益增長。在這個最后階段，從市面上看起來誰也不想賣出，但是那些當初在熊市底部「累積」、步步吃進的精明人，開始派發，逐步拋出平倉。

（4）交易量必須驗證趨勢。交易量分析作為驗證價格圖表信號的旁證具有重要價值。當價格在順著大趨勢發展的時候，交易量也應該相應遞增。

（5）唯有發生了確鑿無疑的反轉信號之後，我們才能判斷一個既定趨勢已經終結。

2. 波浪理論

波浪理論又叫艾略特波浪理論。以道氏理論為基礎，波浪理論認為外匯市場應該遵循一定的週期，價格的變動呈波浪式的周而復始的向前發展。這些波浪具有相當程度的規律性，展現出週期循環的特點。任何波動均有跡可循。波浪理論主要包括三個重要方面，分別是形態、比例和時間，其中形態最重要。波浪理論認為價格變動的循環是由 8 次波浪構成的，其中有 5 次上升浪和 3 次調整浪，即「八浪循環」（見圖 3-36）。時間的長短不會改變波浪的形態。波浪可以拉長，也可以縮短，但基本形態保持不變。

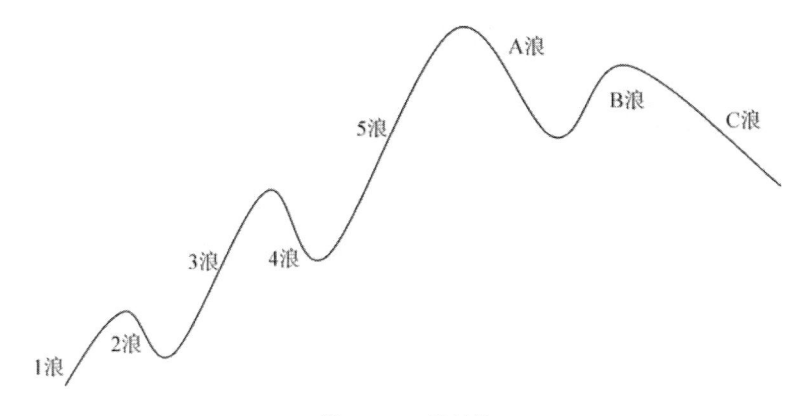

圖 3-36　8 浪結構

在 8 浪中，1~5 浪為上升波浪，其中 1、3、5 浪為推動浪，2、4 浪為上升浪中的調整浪。每個波浪又可分成數個中波浪，每個中波浪又分成許多小波浪。一個完整的市場循環一共可細分為 144 個小波浪。①以牛市為例，第 1 浪通常出現在長期下跌盤整的末期。雖然成交量和價格均稍有增長，但是缺乏買氣，投資者尚未能認識市場的變化，其后的第 2 浪調整幅度往往很大，第 1 浪的漲幅一般是五浪中漲幅最小的。②第 2 浪調整幅度一般相當大，甚至將第 1 浪的漲幅全部擦去，具有較大的殺傷力。這主要是因為投資者常常誤以為熊市還未結束，但波動幅度漸漸變窄，成交浪開始萎縮，反應出拋盤壓力逐漸衰竭，出現傳統圖形中的反轉形態。③第 3 浪通常是漲勢最足、漲幅最大、持續時間最長、最具有爆發力的一浪。投資者信心大增，常出現跳空缺口和延長波浪。一些重要的阻力線被輕易地突破，特別是第 1 浪的高點被突破時是道氏理論中的重要買進信號。④第 4 浪的形態一般較為複雜，在第 3 浪強勁上升形成重要頂部的基礎上，第 4 浪初步顯露市場后繼乏力的徵兆，但第 4 浪的浪底不允許低於第 1 浪的浪頂。⑤第 5 浪常常是最長的浪，漲幅通常不及第 3 浪，漲幅趨緩。投資者往往還會盲目樂觀，追捧高價，但最終都大失所望。⑥第 A 浪，大多數投資者認為 A 浪僅是上升行情的暫時回檔，而沒有認識到行情已經逆轉，因此還會逢低吸納，但實際上很多技術指標已顯示背離狀況。⑦第 B 浪的上升常常會作為多方的單相思，升勢較為情緒化，實際上是一個「多頭陷阱」，應該是多翻空的好時機。中級型或更次級的 B 浪中往往出現成交量減少，而基本級或更高級的 B 浪中則可能伴隨成交量放大甚至超過前面牛市的成交量，且實際上可以從技術指標中發現市場轉弱的種種徵兆。⑧第 C 浪是跌

勢凶險、跌幅深、時間持久的一浪。投資者意識到多頭行情已經結束。

波浪理論的應用技巧：①波浪的組成，一次完成的波浪必定是由 5 個次一級的波浪組成的，而調整浪必定是由 3 個次一級的波浪組成的。②波浪的延長。在波浪理論中，如果推動浪中某一個浪的幅度和持續時間比其他浪延伸了許多，那麼將其稱為延伸浪。如果出現了延伸浪，這說明行情在某一個方向的力度會加強，投資者可根據相應的幅度做出多空操作。要注意的是，在 5 浪模式中，如果 1、3、5 浪的其中一個浪出現了延伸浪，那麼另外兩個浪的幅度就很難再出現延伸。③波浪與新聞消息。市場的變化與新聞消息是沒有直接聯繫的。一般來說，市場放出利空、利多消息時，波浪已經形成，而一旦波浪形成，任何消息都很難轉變其走勢。

斐波納奇數列是波浪理論的基礎。斐波納奇的回撤比例可以用來確定價格目標。最常用的回撤比例是 62%、50% 和 38%。最常用的比例確定價格的方法有：①三個主浪中只有一個浪延長，另外兩者的時間和幅度相等；②把 1 浪乘以 1.618，然后加到 2 浪的底點上，可以得出 3 浪起碼目標；③把 1 浪乘以 3.236，然后分別加到 1 浪的頂點和底點上，大致就是 5 浪的最大和最小目標；④如果 1 浪和 3 浪大致相等，預期 5 浪延長，那麼其價格目標的估算方法是，先量出從 1 浪底點到 3 浪頂點的距離，再乘以 1.618，最后把結果加到 4 浪的底點；⑤在調整浪中，如果它是通常的 5-3-5 鋸形調整，那麼 C 浪常常與 A 浪長度相等；⑥C 浪長度的另一種估算方法是，把 A 浪的長度乘以 0.618，然后從 A 浪的底點減去所得的積；⑦在 3-3-5 平臺形調整的情況下，B 浪可能達到乃至超過 A 浪的頂點，那麼，C 浪長度約等於 A 浪長度的 1.618 倍；⑧在對稱三角形中，每個后續浪都約等於前一浪的 0.618 倍。

(三) K 線分析

價格分析圖表有三種類型，包括柱狀圖、蠟燭圖和點線圖。柱狀圖是反應價格行為的一種最基本的圖表。每一根柱代表一段時間——最短為 1 分鐘，最長為數年。隨著時間的推移，柱狀圖反應出不同的價格形態。蠟燭圖即 K 線圖。不同於簡單的柱狀圖，蠟燭圖的每一根燭線代表了一段時間的最高價、最低價、開盤價及收盤價。蠟燭圖提供給我們更強的視覺信息。點線圖類似柱狀圖，不同的是用多個 X 及 O 來標示價

格走勢的變化。點線圖與時間無關，只強調價格變化。

在技術分析當中，最常使用的是 K 線圖。將每個交易日匯率的開盤價、收盤價、最高價、最低價的所有變動情況全部記錄下來，然后繪成像蠟燭的圖形，故 K 線圖也稱蠟燭圖形。K 線的結構分為實體、上影線和下影線三部分。K 線有陽線和陰線之分。K 線分析主要通過這三個部分以及陰陽線來判斷多空雙方的較量結果。

（1）分析實體的長短。陽線的實體越長，表明買方的力量越強；陰線的實體越長，表明買方力量越強。在兩根或三根 K 線組合在一起時，如果同時陽線，且后面的陽線實體一根比一根長，表明買方占絕對優勢，匯價漲勢還將增強；如果后面的陽線漸次縮短，表明買氣開始減弱，漲幅有限。如果同時陰線則相反。

（2）分析上影線和下影線的長短。上影線長，說明買方將匯價推高后遇賣方打壓。上影線越長，表明空方阻力越大。下影線長，說明買方在低價位有強力支撐。下影線越長，表明支撐力越強。

（3）分析兩根、三根 K 線的相互關係。如果緊連的兩根或三根 K 線，分別為陽線或陰線，那麼要注意分析它們之間的關係，著重比較收盤價的相對關係。

（4）分析 K 線是否組成某一形態。在進行多根 K 線組合分析時，要注意是否已組成某一反轉或盤整形態。若已組成形態，則應按形態特點分析，而不必拘泥於 K 線的關係，特別是要注意突破形態的 K 線。

（5）分析 K 線在一個較大行情中的位置。分析 K 線也要看全局，特別是注意高價區位和低價區位中出現的大陽線、大陰線和十字轉機線，要將它們放在整個行情走勢中來分析判斷。

(四) 趨勢分析

技術分析方法當中，趨勢的概念絕對是核心內容。趨勢分析是最普遍的分析技術。趨勢就是市場何去何從的方向。趨勢就是匯價的波動方向，由明顯的峰和谷組成。除了通常的三種類型即主要趨勢、次要趨勢和短暫趨勢以外，根據趨勢的方向不同可分為上升趨勢、下降趨勢、橫向延伸趨勢。在分析趨勢時，通常通過繪製趨勢線來進行分析。

1. 趨勢線

趨勢線是最簡便、最有價值的基本技術工具之一。上升趨勢表現為各次級波動的低點一點高過一點，將各個低點相連，形成上升趨勢線；下降趨勢表現為各次級波動的高點一點低過一點，將各個高點相連，形成下降趨勢線。但要探索合適的趨勢線，首先必須確有依據說明趨勢存在。比如，畫一條上升趨勢線至少需要兩個有效的向上的低點，並且后者要高於前者。也就是說，要找出最先出現或最有意義的兩點是畫好趨勢線的關鍵。

趨勢線的有效性：①趨勢線被觸及的次數越多。趨勢線越可靠，趨勢線的支撐和阻力效用越強，一旦被突破后市場反應也越強烈。②趨勢線的斜率越大，可靠性越低，阻力作用和支撐作用也越弱，以后很容易被突破或修正。③趨勢線跨越的時間越長，可靠性越高，支撐或阻力效力越大。④低於 30 度的趨勢線意味著價格上漲的力度不夠，過於陡峭的趨勢線一般不能持久，45 度趨勢線是非常可靠的上升趨勢繼續維持的信號。

趨勢線有效突破的確認：①收盤價突破。②連續兩天以上的突破。③連續兩天創新價的突破。④長期趨勢線突破。⑤成交量配合的突破。⑥趨勢線與形態同時突破。

2. 支撐和阻力

支撐和阻力是外匯交易適用最廣泛的分析技術。支撐是指匯價走勢形成的趨勢中的波谷，也是匯價下行的低點，能止住回檔。阻力是指匯價走勢形成的趨勢中的波峰，也是匯價上衝的高點，會止住反彈。在上升趨勢中，阻力水平意味著上升勢頭將在此處稍息，但此后它遲早會向上穿越。而在下降趨勢中，支撐水平也不足以長久地支撐市場的下滑，不過至少能使之短暫受挫。

支撐線與阻力線的突破是有效突破。有效的趨勢線具有較強的支撐和阻力作用。支撐線和阻力線可以互換，互換是形成反轉的信號。支撐線和阻力線的突破是觀察中期趨勢、長期趨勢的重要信號。

3. 通道線

通道線是在趨勢線的反方向畫一條與趨勢線平行的直線，而匯價則在趨勢線和通道線中間運行，有明顯的管道或通道形狀。通道的主要作用是限制價格的變動範圍，

讓它不能變得太離譜。通道一旦得到確認，那麼價格將在這個通道裡變動。如果通道線一旦被價格有效突破，那麼趨勢上升或下降的速度會加快，會出現新的價格高點或低點，原有的趨勢線就會失去作用。通道線被突破有別於趨勢線被突破，不會發生價格反抽現象。通道線沒有支撐或阻力的作用。

4. 百分比回撤

在每場重大的市場運動之后，價格總會回撤其中的一部分，然后再按照既有趨勢的方向繼續發展。這類與趨勢方向相反的價格變化，往往恰好占先前動作的一定百分比。從道氏理論衍生有50%、33%、60%三種回撤。根據艾略特理論和斐波納奇比數，引入38%和62%兩種回撤百分比。黃金分割線、斐波納奇回調線等都是外匯市場技術分析中重要的回撤線。交易者經常使用斐波納奇回調水平作為支撐和阻力水平，如此多的交易者在這些位置附近設置買賣進場訂單和止損訂單。這些支撐和阻力水平變成了一個自我實現的預期。斐波納奇回調線的畫法首先要確認波段高點和波段低點，連接一個上升趨勢中顯著的波段低點和最近的波點高點，形成重要的支撐位（買進信號）；在下降趨勢中，連接明顯的高點和最近的最低點，形成重要的阻力位（賣出信號）。

（五）形態分析

形態分析是一種重要的技術分析方法。某種形態的出現和突破對預測匯率變動的方向和幅度有重要的技術分析意義。

1. 反轉形態

常見的反轉形態有雙頂、雙底、頭肩頂、頭肩底等。反轉形態意味著價格運行方向將會改變，趨勢正在發生重要反轉，由原來的上升趨勢轉換為下降趨勢，或由原來的下降趨勢轉換為上升趨勢。反轉形態的特徵：①事先存在趨勢的必要性，是所有反轉形態存在的先決條件。②重要趨勢線的突破。趨勢即將反轉時，經常以突破重要的趨勢線為前兆，但並不是說趨勢線被突破就一定會反轉。③形態的規模越大，也就是價格形態的高度越高和形成的時間越長，形態越重要，隨之而來的價格運動的余地就越大。④頂和底有差別。「頂」的持續時間短但波動性強，底部形態通常具有較小的價

格波幅，但耗費的時間較長。⑤成交量在驗證向上突破信號時更重要。任何形態在完成時都伴隨著成交量的顯著增加。在頂部反轉中，成交量不是關鍵，但在底部反轉過程中，伴隨成交量的顯著增長，形態的可靠性也加強了。

2. 整理形態

整理形態也叫做持續形態，常見的整理形態有三角形、矩形、旗形等。整理形態是指市場的趨勢在目前的形態變化過程中不會發生變化，原來的趨勢和方向仍將得以延續，而目前可能只是一個修正過程，對之前的超買超賣可通過整理形態得以適當修正。市場經過一段趨勢運動后，累積了大量的獲利籌碼。隨著獲利盤紛紛套現，價格出現回落，但同時對后市繼續看好的投資者大量入場，對市場價格構成支撐。因而，價格在高價區小幅震盪，市場採用橫向運動的方式消化獲利籌碼，重新集聚能量，又恢復原來的趨勢。與反轉形態相比，整理形態形成的時間較短。可能是市場慣性的作用，保持原有趨勢比扭轉趨勢更容易。整理形態形成的過程中，價格震盪幅度應當逐步收斂，成交量也應逐步萎縮。最后在價格順著原趨勢方向突破時，較大的成交量出現。整理形態的完成過程往往不會超過3個月，而且多數出現在日K線圖上。周K線圖上很少出現，月K線圖幾乎沒有出現過。

（六）均線分析

移動均線（MA），是指連接這些在某個連續時間段內某種外匯匯價的平均數值的曲線。移動平均線平滑了價格運動。移動均線有簡單移動平均線（SMA）、線性加權移動平均線（LMA）、指數加權移動平均線（EMA）。默認的是簡單移動平均線。一般使用一條較長時期的SMA來洞察整體趨勢，然后用一條較短的EMA來找出具體進場的好時機或者根據自己的習慣來選擇。

1. 移動平均線的特點

①追蹤趨勢和穩定性：趨勢不輕易改變。②滯后性：MA的行動過於遲緩，掉頭速度落后於大趨勢。③助漲助跌性：當匯價突破了MA時，無論是向上突破還是向下突破，匯價都有繼續向突破方向再走一程的願望。④支撐線和壓力線的特徵。⑤參數選擇得越大，特性就越明顯。

2. 均線週期及其作用

（1）短期移動平均線：一般以 5 天或 10 天為計算週期，代表一週或半月的平均價，可作為短線進出的依據，即：只要價格不破這根線，短線交易者就可以繼續持有。

（2）中期移動平均線：大多以 20 天或 60 天為準，代表一個月或一個季度的平均價，可作為中線交易的依據，即：只要價格不破這根線，中線交易者就可以繼續持有。20 日均線，可作為中期投資的決策依據；30 日均線，主要用於短期線組合分析，判斷走勢是否反彈或反轉；50 日均線揭示中長期匯價波動規律，能彌補短期線的偶然性和欺騙性，也能彌補長期線的遲鈍性。

（3）長期移動平均線：多數以 200 天為標準，這也是美國投資專家葛蘭碧提出的觀點。一般來說，200 日均線是牛市和熊市的分水嶺，是長線投資者是否進出的主要依據，具有重要的戰略意義。對於長線交易者而言，只有當匯價長期站在 200 日均線之上時，才是他們作多的時期；而一旦趨勢明顯地站在 200 日均線之下時，則是他們積極作空的時候。

此外，移動平均線還可以分為分鐘均線、日均線、周均線、月均線、年均線等。對於短時間週期裡的均線，其作用不是很明顯；而對於長時間週期裡的均線，其作用比較明顯，且有律可循。不論是短期均線、中期均線還是長期均線，其本質上都是在反應市場價格在不同週期裡的平均成本。應用平均線時有一個時間週期的選擇問題。若是短線投資者，一般選用 5 天、10 天、20 天的移動平均線，中線投資者則選用 40 天、60 天、90 天的天移動平均線，長期投資者則選用 120 天、180 天、200 天的移動平均線。但為了避免移動平均線的局限性，同時更有效地掌握買賣時機，一般將不同期間的平均線予以組合運用。目前市場上常用的平均線組合有「5、10、30、60、200 日平均線」等組合，也可以使用交易系統默認的均線組合。

3. 單一移動平均線運用

美國投資專家葛蘭維先生對價位與移動平均線之間的關係進行了細緻的分析，歸納成八條法則。

第一，四個買進信號。

（1）移動平均線從下降逐漸轉為水平或上升，價格從移動平均線的下方突破移動

平均線，交錯向上。這是買進信號。這裡尤其要注意的是，移動平均線一定要出現有向上抬頭的跡象。這說明整個市場開始逐漸進入上漲的市場，此時買入信號才是比較確切的。

（2）移動平均線在穩步上升，價格跌至移動平均線之下，又立刻回升到移動平均線的上方。這仍為買進信號，因為移動平均仍然持續上升，表明市場仍處於漲勢之中。

（3）價格曲線在移動平均線之上，匯價下跌，但在移動平均線附近的上方遇到支撐，沒有跌破移動平均線而是反轉上升。這為買入的信號。

（4）價格突然暴跌，跌破了移動平均線，而且繼續很快下行，在圖形上，匯價曲線陡峭下行，遠離了移動平均線，則有反彈上升回覆到移動平均線附近的趨勢。這是買入的信號。

第二，四個賣出信號。

（1）移動平均線從上升趨勢逐漸轉為水平線或開始有低頭向下的跡象，而價格從移動平均線的上方跌破移動平均線時，表明賣壓漸重，此為賣出信號。

（2）移動平均線緩緩下降，價格在移動平均線下，突然上漲，突破了移動平均線，又跌回到移動平均線之下，而移動平均線繼續下跌，此為賣出信號，行情將會繼續下跌。

（3）移動平均線緩緩下降，價格曲線在移動平均線下行走，回升至移動平均線附近，受到賣壓阻力，未能超越移動平均線，又繼續下跌，此為賣出信號。

（4）移動平均線呈下降趨勢，匯價突然暴漲，突破且遠離了移動平均線，則有可能回檔下跌。因為暴漲遠離了移動平均線，說明近期內買入某種外匯者皆有利可圖，隨時會產生回吐的賣壓，所以此為賣出信號。

在實際應用中，當移動平均線發出買賣信號時，匯價往往已經走出很大一段距離；當移動平均線走向平緩的時候，匯價曲線頻繁穿越，無法得出正確信號；當移動平均線發生轉向時，具體的時間很難準確把握。因此從嚴格意義上講，移動平均線分析方法只能幫助我們判斷市場的大致走向和轉勢的時機，對頻繁短線炒作的交易者的指示作用不是很大。

4. 複合移動平均線運用

複合移動平均線是指畫出不同天數的兩條以上的移動平均線組合的圖形。在實際分析中，更多的是利用多條移動平均線來進行分析判斷，以克服上述單條移動平均線的缺陷，使產生買賣信號的準確性大大提高。通常的使用方式為：選擇長期、中期、短期中不同週期的移動平均線。當出現較短時間週期的移動平均線時，顯示有價格上漲需求。

（1）多根均線收斂：說明各類週期成本趨於一致，當各週期均線開始收斂時，要防止變盤。

（2）多根均線交叉：看短期對中期、中期對長期的均線是向上交叉還是向下交叉。向上交叉俗稱「金叉」，趨勢多半為上；向下交叉俗稱「死叉」，趨勢多半為下。三線交叉比兩線交叉要滯後一些，但也更穩重、準確一些。在短期移動平均線、中期移動平均線、長期移動平均線的複合圖形中，較短時間週期的平均線以較大傾斜角度向上穿越較長時間週期平均線時發出強烈的買盤信號（金叉）；當匯價由下向上以較大角度穿越移動平均線時也發出買盤信號。在短期移動平均線、中期移動平均線、長期移動平均線的複合圖形中，較短時間週期的平均線以較大傾斜角度向下穿越較長時間週期平均線時發出強烈的賣盤信號（死叉）；當匯價由上向下以較大角度穿越移動平均線時也發出賣盤信號。

（3）多根均線發散：均線收斂過后通常會發散前進，都向上則呈多頭排列，都向下則呈空頭排列。

（4）多根均線平行：均線平行往往不是很標準，多數呈發散狀態。各週期均線平行時間越長，則變盤的可能性越大，變盤后的反向運動就越深。

（七）ForexMT4 軟件中的技術指標

1. 趨勢指標

（1）ADX 平均趨向指數（Average Directional Movement Index 或 Average Directional Index）。

國外投資者經常使用 ADX 指標，國內投資者反而用得比較少。不過，在編寫交易

系統時，經常用到 ADX 或者 ATR 指標判斷盤整、振蕩和單邊趨勢。ADX 線代表力量的強弱，+DI 和-DI 誰占優勢並隨著力量一起上揚，那麼就代表走勢向哪個方向發展。

ADX 是用數值 0～100 來表示其走勢的。它的走勢值很少有超過 60 的。如果超過 40 就表示一個很強的趨勢，如果低於 20 則是一個很弱的趨勢。當 ADX 指標數值從 20 以下上升到 20 以上時，趨勢就開始發展；從 40 以上降到 40 以下時，趨勢就會結束。ADX 指標是由+DI、+DI 和一條 ADX 趨勢線組成的。建議當+DI 指標高於-DI 指標時買入，在+DI 指標下沉到低於-DI 指標時賣出。

ADX 平均趨向指數的一般應用方法：

①ADX 指數反應趨向變動的程度，而不是方向的本身。

②進場與出場時，採用+DI14 與-DI14 的穿越信號。

③當極端點交易法則生效時，法則 2 將有例外。當 DI 發生穿越信號時，取當天的極端點作為止損點。換言之，多頭頭寸取當天的低價為止損點，空頭頭寸取當天的高價。在隨後的幾天內，如果止損點未被觸及，即使 DI 再發生穿越信號也不需理會。

④ADX 的位置高於兩條 DI 且方向發生改變，是趨勢反轉的早期信號，可以做部分的獲利了結。最后的平倉信號是由 DI 穿越或極端點的止損而引發的。當 ADX 改變方向時，如果+DI14 高於-DI14，代表變動趨勢是由上向下的，反之亦然。

⑤如果 ADX 高於兩條 DI，而且讀數明顯偏高，代表既有的趨勢已經持續一段時間。這並不是建立新頭寸的理想時機，因場信號很可能反覆。換言之，ADX 的讀數偏高，相當於是超買/超賣，順勢的新交易頭寸通常很難獲利。

⑥如果 ADX 同時低於兩條 DI，避免採用順勢交易的系統，因為市場中沒有明顯的趨勢。

⑦如果 ADX 的讀數低於 20～25，不論它與兩條 DI 的相對位置如何，都應避免採用順勢交易的系統，因為市場中沒有明顯的趨勢。

（2）布林線或布林帶（Bollinger Bands，BOLL）。

在一條移動平均線的兩側構建兩個交易帶。布林帶是指向下和向上偏移兩個標準差。布林帶的上、下寬度標誌著市場波動性。通常採用 20 日移動平均線。標準差表示過去 20 日價格圍繞移動平均值分佈的偏離程度。把移動平均線分別向上和向下偏移兩

個標準差，可以確保 95%的價格資料分佈在這兩條交易線之間。一般說來，當價格向上觸及上方的交易線后，則認為市場向上過度延伸了（超買狀態）；當價格向下觸及下方的交易線后，則認為市場向下過度延伸了（超賣狀態）。

布林帶最簡單的用法是分別以上、下交易線作為價格目標。如果價格從下方交易線上觸底反彈，並向上穿越了 20 日移動平均線，那麼上方的交易線就成為本輪行情的價格目標。反之，當價格向下穿越 20 日移動平均線后，可能以下方的交易線作為價格目標。在強勁的上升趨勢中，通常價格只在上方交易線和 20 日移動平均線之間波動。在這種情況下，當價格向下穿越 20 日移動平均線時，構成了趨勢向下反轉的警告信號。

布林帶的寬度隨著 20 日的市場波動率而不斷地擴大或縮小。在價格波動率上升期間，布林帶的寬度將擴大；反過來，當市場波動率處於低潮期，布林帶寬度將縮小。布林帶傾向於形成擴張與收縮的相互交替。當布林帶的兩條交易線不同尋常地相互遠離時，表示當前趨勢也許即將終結。當布林帶的兩條交易線收縮得過窄時，表示市場可能即將發動新的趨勢。布林帶也可以應用於周線圖或月線圖。對應於日線圖的 20 日移動平均線，分別採用 20 周移動平均線和 20 月移動平均線。如果把布林帶和超買/超賣擺動指標結合起來使用，那麼效果最佳。

（3）包絡線指標（Envelopes，Moving Average Envelope，Trading Bands）。

包絡線指標，是基於一條移動平均線上下移動同一個百分比而形成兩條線，把價格變動包含在此兩條線之間並以此來判斷以后的市場趨勢的一個指標。包絡線指標定義價格範圍的上下邊幅。當價格到達通道上端的邊幅時，賣出信號就出現了；當價格達到通道下端的邊幅時，買進的信號出現了。

包絡線指標背後的邏輯就是過於熱情的買家和賣家推動價格達到極端（上端通道或者下端通道）。在這幾點上，價格通過移動到一個相對現實的水平上而通常變得比較穩定。這就和保力加通道指標的解釋頗為相似。由於包絡線指標是利用過往的數據計算，因此它的反應比當前市場價格慢。包絡線指標不能預測價格的未來發展，只能夠確認價格方向的變動。

Envelopes 的一般分析使用方法：

①當價格在上面的線附件徘徊一段時間后,突破上線上升時,此時應該是一個上升趨勢,可以做多(買單);當價格在下面的線附件徘徊一段時間后,突破下線下降時,此時應該是一個下降趨勢,可以做空(賣單)。

②當價格接觸到下線,又往上穿過移動平均線時就做多(買單);當價格接觸到上線,又往下穿過移動平均線時就做空(賣單)。

③在一個區間波動的走勢,當價格高於上軌道時,可能會拉回;當價格跌落至下軌道之下時,可能會反彈。

④包絡線指標也可用來研判市場是處於超買還是超賣的情況。當價格接近上軌道時,被視為進入超買狀態;當價格接近下軌道時,被視為進入超賣狀態。

⑤一般情況下,時間週期默認為14;偏差默認為0.1,該數值越大,上下軌線之間的距離就越大(可以通過調整偏差值來調整上下軌線之間的距離,找到合適的偏差值以判斷包絡線的意義)。

(4)雲圖指標(Ichimoku kinko hyo)。

它又叫一目均衡表指標。該指標是由筆名為Ichimoku Sanjin的日本記者在1930年代發明的。它是顯示市場趨勢、支撐和阻力位、買賣信號的一個指標。它一般多用於日圖、周圖等大週期上。若在短週期上交易,則效果沒有大週期好。

它由五條不同顏色的線組成,分別是轉折線、基準線、先行上線、先行下線和延遲線。轉折線主要用來衡量短期的動力,一般的默認值(可以更改)為7~9。它一般和基準線結合起來預測將來的動力。轉折線=(默認值週期內的最高的最高價-默認值週期內的最低的最低價)/2。基準線主要用來衡量中期的動力,一般的默認值(可以更改)為26。這是它和轉折線的區別。它一般和轉折線結合起來預測將來的動力。基準線=(默認值週期內的最高的最高價-默認值週期內的最低的最低價)/2。先行上線用來衡量動力和以后的支撐/阻力區。它和B線是一組的。A、B兩條線之間所包圍的區域稱作雲(kumo)。當A線在B線之下時,是一個下降趨勢。當A線在B線之上時,是一個上升趨勢。當A、B線交叉時,則有可能有逆轉現象。A線=(T線-K線)/2。先行下線用來衡量動力和以后的支撐/阻力區。它和A線是一組的。A、B兩條線之間所包圍的區域稱作雲(kumo)。當B線在A線之上時,是一個下降趨勢。當B線在A

線之下時，是一個上升趨勢，當 A、B 線交叉時，則有可能有逆轉現象。B 線=（默認值週期內的最高的最高價-默認值週期內的最低的最低價）/2，它的默認參數（可以更改的）一般是 52。延遲線是把現在的價格畫在了 26 個時段之前的線圖，其目的就是產生交易的信號。

Ichimoku 雲圖指標的一般分析使用方法：①Tenkan-sen 線上穿 Kijun-sen 線，價格在雲之上時，Chinkou Span 線在收盤價之上，是很強的做多（買進）信號。②Tenkan-sen 線下穿 Kijun-sen 線，價格在雲之下時，Chinkou Span 線在收盤價之下，是很強的做空（賣出）信號。③Tenkan-sen 線上穿 Kijun-sen 線，價格在雲之中，是一般的做多（買進）信號。④Tenkan-sen 線下穿 Kijun-sen 線，價格在雲之中，是一般的做空（賣出）信號。⑤Tenkan-sen 線上穿 Kijun-sen 線，價格在雲之下，是較弱的做多（買進）信號。⑥Tenkan-sen 線上穿 Kijun-sen 線，價格在雲之上，是較弱的做空（賣出）信號。另外，雲圖是出現在價格之前的，故它顯示了可能的支撐/阻力區域。雲圖的分析使用方法為：如果說價格在雲圖的上面，那麼雲的上線為第一支撐位，下線為第二支撐位。如果說價格在雲圖的下面，那麼雲的下線為第一阻力位，上線為第二阻力位。如果說價格在雲圖之間，那麼雲的上線為阻力位，下線為支撐位。

(5) 拋物線指標（SAR, Parabolic, SAR）。

拋物線指標（Parabolic SAR）又叫或停損轉向操作點指標，是一種簡單易學、比較準確的中短期技術分析工具。最好的用處是尋找止損點和最佳出場位。在價格圖表上，該指標被表示為 K 線圖或條形圖的上方或下方的止損逆轉線。

SAR 的計算式分為上升式與下降式，即：上升式 $SAR(2)=SAR(1)+AF(H(1)-SAR(1))$，下降式 $SAR(2)=SAR(1)+AF(L(1)-SAR(1))$。其中 SAR(1) 為昨日 SAR 值，其上升式初始值取近期最低價，其下降式初始值取近期最高價，AF 為威爾特加速因子，基值為 0.02。當價格每創新高（上升式）或新低（下降式）時按 0.02（或 0.04 等）增加，直到 0.2 為止，即 $AF\in(0.02, 0.2)$。從算式可見，當把 SAR(1) 初始值取近期最低價，即視行情為上升時，必須滿足當前最高價 H(1)>SAR(1) 的條件。一旦 H(1)<SAR(1)，則下降式啟用，並且行情持續下降時，必須滿足當前最低價 L(1)<SAR(1) 的條件。而加速因子的設置，反應了行情「起動→加速→減速→零→反

向起動……」的變化過程，也造成了拋物線的視覺效果。

SAR 指標（Parabolic SAR）的一般分析使用方法：①任何一天的收盤價高於或低於 SAR，則須執行空頭或多頭的停損交易。②任何一次停損交易，也視為趨勢轉變。交易者須改變立場，從事新趨勢的交易。③收盤價 > SAR，空頭停損。收盤價 < SAR，多頭停損。④SAR 指標通常也可用來當做追蹤止損點。在上升趨勢中，把止損設在 SAR 指標值下方；在下降趨勢中，把止損設在 SAR 指標值的上方。⑤SAR 在單邊趨勢中使用的效果最好，但 SAR 指標很容易在盤整趨勢中製造假象，故交易者需要其他的指標配合來確定趨勢。

(6) 標準離差指標（Standard Deviation）。

標準離差指標（Standard Deviation）的目的是衡量價格的波動性（Volatility）的。該指標把標準差和平均值用來衡量、決定市場的波動性。它屬於滯后指標。該指標是用一條曲線來表示其波動性的。如果標準差大，就說明價格波動性大；如果標準差小，就說明價格波動性小。標準差 = SUM[(CLOSE−a)2,N]÷N 的值的平方根，其中 a = SMA(CLOSE,N)，N 為時間週期，一般默認為 20。

Standard Deviation（標準離差指標）的一般分析使用方法：①當標準差數值大時，表示市場的波動劇烈，可能以后的價格會相對平穩些。②當標準差數值小時，表示市場的波動小，趨勢比價平穩，可能以后的價格波動會比較大。③該指標多和其他指標一起使用。當波動性大時，就可能是價格趨勢的結束或開始；當波動性小時，說明市場趨勢不大，不利於做單。我們在前面的布林線指標中上、下軌線的計算中就用到了標準差的計算。

2. 震盪指標

(1) 真實波動幅度均值（Average True Range，ATR）/平均真實波動範圍。

這一指標主要用來衡量匯率價格的波動。因此，這一技術指標並不能直接反應價格走向及其趨勢穩定性，而只是表明價格波動的程度。一般來說，真實波動幅度均值（ATR）通常以 14 個時段為基礎進行計算。這個時段可以是一天內的某個時間段，也可以是一天的日價，乃至周價和月價。在以下用於說明的範例中，我們使用日價作為基礎。鑒於計算平均真實波幅總是需要一個開端，故第一天的 TR 以當天高低價之差為

準，此后每天 TR 的選取遵循前文所述規則。於是，第一個 ATR 就是前 14 天每天的 TR 的簡單算術平均。為了使得 ATR 的數值更加平滑，採用了移動平均的概念來使每一個新的 ATR 都包含前一個 ATR 的信息，其具體計算步驟如下：①將前 14 天的 ATR 乘以 13。②將步驟一所得值加上新一天的 TR。③將步驟二所得值除以 14。④ATR = SUM (TR,N) ÷N。⑤為了使 ATR 曲線比較平滑，ATR(t)＝［ATR(t-1)×(N-1)+ATR(t)］÷N。

ATR/平均真實波動範圍指標的使用方法：

①價格趨勢的反轉或開始。

極端的高 ATR 或低 ATR 值可以被看做價格趨勢的反轉或下一個趨勢的開始。作為與布林通道類似的以價格波動性為基礎的技術指標，真實波動幅度均值不能直接預測價格走向及其趨勢穩定性，而只是表明交易活動的頻繁性。較低的 ATR（即較小的真實波幅）表示比較冷清的市場交易氣氛，而高 ATR（即較大的真實波幅）則表示比較旺盛的交易氣氛。一段較長時間的低 ATR 很可能表明市場正在積蓄力量並逐漸開始下一個價格趨勢（可能是之前趨勢的延續，也可能是趨勢的反轉）；而一個非常高的 ATR 通常是由短時間內價格的大幅上漲或下跌造成的。通常此數值不可能長期維持在高水平。

②止損和止贏的設置。

交易者也可以使用 ATR 來設置自己交易的止損和止贏價位。由於 ATR 計算的是在某一個時間段內貨幣對的波動真實範圍，因此可以把該範圍作為計算止損和止贏的標準。

（2）牛力指標（Bulls Power）與熊力指標（Bears Power）。

Bulls Power（牛力指標）與 Bears Power（熊力指標）是相對的。牛力指標是驅動市場價格上升的力量。熊力指標是驅動市場價格下降的力量。通常聯合使用 Bears Power 和 Bulls Power。

Bulls Power（牛力指標）與 Bears Power（熊力指標）的一般分析使用方法：

①Bears Power 為負數，同時逐漸增大，表示市場出現了買入信號。②Bears Power 為負數，同時逐漸減小，表示市場出現了賣出信號。③Bears Power 在零點之上（為正數）時，最好不要做單。④Bulls Power 為正數，同時逐漸增大，表示市場出現了買入

信號。⑤Bulls Power 為正數，同時逐漸減小，表示市場出現了賣出信號。⑥Bulls Power 在零點之下（為負數）時，最好不要做單。

與 EMA 相結合的使用方法：①在 EMA 趨勢上升，熊市在零點之下但趨勢也在上升時，可以買入。②在 EMA 趨勢上升，上一個牛市頂峰點比再上一個牛市頂峰點更高時，可以買入。③在 EMA 趨勢上升，牛市與價格趨勢背離后而熊市在上升時，可以買入。④在 EMA 趨勢下降，牛市在零點之上但趨勢也在下降時，可以賣出。⑤在 EMA 趨勢下降，上一個牛市頂峰點比再上一個牛市頂峰點更低時，可以賣出。⑥在 EMA 趨勢下降，熊市與價格趨勢背離后而牛市在下降時，可以賣出。⑦當熊市或牛市在零點之上時，最好不要做單。

（3）順勢指標（Commodity Channel Index）。

順勢指標（Commodity Channel Index）簡稱CCI，是由美國股市分析家唐納德·藍伯特（Donald Lambert）在 1980 年早期發明的，CCI 指標依據市場的波動有週期性的變化，其價格的高和低是連續週期性出現的，能夠預測出現這些週期，就可以預測到趨勢的開始和結束。CCI 指標是屬於振盪指標（Oscillator）的一種。它的曲線是在零點線上下不斷起伏變化的。它沒有上下限制。

針對CCI 指標，第一步要計算出 TP（典型價格）的值：TP＝（最高價+最低價+收盤價）÷3。第二步要算出 TP 的 SMA 值（簡單移動平均值）：SMA(TP)＝SMA(TP,N)，其中 N 為計算週期。第三步要算出 MD（Mean Deviation），也就是平均差的值：MD＝∑|TP-SMA(TP)|÷N，其中∑代表為總和。第四步就可以算出 CCI 的值：CCI＝(TP-SMA(TP))÷(0.015×MD)。

CCI 指標的作用主要是指示超買、超賣信息，最好在它逆轉的時候進行交易。CCI 指標的具體分析方法如下：

①當 CCI 指標>100 時，就表示有超買的情形，當它向下穿過 100 時，就可以賣。②當 CCI 指標<100 時，就表示有超賣的情形，當它向上穿過 100 時，就可以買。③如果在已經開倉的情況下，就要用±75 值的線來做參考以分析是否平倉。在做賣單的時候，當 CCI 指標穿過+75、0、-75，然后再回穿任意一條線時就平倉；在做買單的時候，當 CCI 指標穿過-75、0、+75，然后再回穿任意一條線時就平倉。使用 CCI 指標

時，可以一起用其他的一些參考指標來確認買賣平倉信號。

(4) DEM 指標（DeMarker）。

DEM 指標是由 Tom Demarker 發明的，描繪了價格波動的區域，通常與價格的峰值和谷值吻合。它是一個數值可以在 -100~+100 或者 0~1 變化的曲線指標，在 MT4 中其數值默認是在 0~1 中變化的。雖然區間不同但是其意義是相同的。DEM 指標的意義在於指示出哪裡是交易的高風險區域哪裡是低風險區域，也指示了超買或超賣。如果當前時段數值高於上一時段的數值，DEM 值就為兩個時段的差額。如果當前時段數值低於或等於上一時的數值，DEM 值就為零值。

DEM 指標（DeMarker）的一般分析使用方法：①當該指標低於 0.3 時，價格可能會向上逆轉。②當該指標大於 0.7 的時候，價格可能會向下逆轉。③如果價格在 0.3~0.7 中，那麼在這個區間交易時，風險比較小，當然利潤也小。

(5) 強力指數（Force Index）。

強力指數指標（Force Index），是由 Alexander elder 發明的。強力指數指標是用來指示上升或下降趨勢的力量大小。它在零線上下移動以表示趨勢的強弱。如果當前柱的收市價格高於上一個柱的價格，那麼強力指數是正值。假如當前柱的收市價格低於上一個柱的價格，那麼強力指數是負值。兩個數值的差額越大，則強力指標就越大；交易量越大，強力指標就越大。

Force Index 指標的一般分析使用方法：

①如果價格是上升的，而指標線在零線以上，呈上升趨勢，那麼表示價格上升趨勢會繼續。②如果價格是上升的，而指標線在零線或者趨向於零線時，那麼表示價格上升趨勢將要結束。③如果價格是下降的，而指標線在零線以下，呈下降趨勢，那麼表示價格下降趨勢會繼續。④如果價格是下降的，而指標線在零線或者趨向於零線時，那麼表示價格下降趨勢將要結束。⑤當指標線在零線之下，指標線呈現上升趨勢，這是可能的買進的信號。⑥當指標線在零線之上，指標線呈現下降趨勢，這是可能的賣出的信號。

(6) 指數平滑異同移動平均線（MACD）。

MACD 是指數平滑異同移動平均線（Moving Average Convergence and Divergence），

是移動平均線的一種變形。

當行情處於上升（下跌）時，股價的短期移動均線上升（下跌）速度快，而長期移動均線上升（下跌）速度慢。若一直上升（下跌），則兩者之間的離差會越來越大。

①MACD 和 DIF 的計算原理：

以 12 日和 26 日股價的移動平均值，得到 EMA（12）和 EMA（26）：12 日 EMA＝S12×當日收盤指數 + 11/（12+1）×昨日的 12 日 EMA；26 日 EMA＝L26×當日收盤指數 + 25/（26+1）×昨日的 26 日 EMA。

計算出離差值 DIF：DIF＝EMA（12）-EMA（26）。因此 DIF 是短期的分離程度，正值表示上升，負值表示下降。

計算 DIF 平均數得到 DEA。DEA 是平滑后再一次平滑。DEA 表明長期的分離程度：DEA＝當日的 DIF×0.2 +昨日的 DEA×0.8。

計算 MACD＝DIF-DEA。MACD 線是 DIF 線與 DEA 線的差。

MT4 軟件當中，DIF 用柱線表示，MACD 用曲線表示。

②MACD 和 DIF 的應用分析方法：

（a）DIF 為正值，表示市場是上漲行情；DIF 為負值，表示市場為下跌行情。當 DIF 從負值向上轉變為正值，是買入信號；當 DIF 從正值跌破轉變為負值，表示 EMA(12)與 EMA(26)發生交叉，是賣出信號。

（b）形態和背離情況。MACD 指標也強調形態和背離現象。當形態上 MACD 指標的 DIF 線與 MACD 線形成高位看跌形態，如頭肩頂、雙頭等，應當保持警惕。當形態上 MACD 指標 DIF 線與 MACD 線形成低位看漲形態時，應考慮進行買入。在判斷形態時，以 DIF 線為主，以 MACD 線為輔。當價格持續升高，而 MACD 指標走出一波比一波低的走勢時，意味著頂背離出現，預示著價格將可能在不久之后出現轉頭下行。當價格持續降低，而 MACD 指標走出一波高於一波的走勢時，意味著底背離現象的出現，預示著價格將很快結束下跌，轉頭上漲。

（c）盤整市 MACD 指標將失真，使用價值相應降低。

（7）動量指標（Momentum）。

動量技術指標是測算在一定時間段裡證券價格的變化量。動量數值就是當天價格

同前幾個時段的價格的比率：MOMENTUM = CLOSE(i)/CLOSE(i-N) * 100。

可以使用動量指標作為類似於振蕩指標的移動平均匯總/分離指標來追隨市場趨勢。當動量指標探底並反彈時，進行買入；當該指標上升並下挫時，進行賣出。你必須要追尋一個短期的指標的移動平均線來決定其是否探底或上揚。

如果動量指數到達一個極端高或者極低的數值（相對於歷史數據而言），那麼你必須推測當前的市場有一個長時間的趨勢。例如，當動量指數達到一個極端高的數值，然后下挫，你應該認為價格仍然會持續走高。在任何一種情況下，只有價格在確認了由指標產生的信號后，才能進行交易。例如，如果價格上升或者回落，那麼你在賣出之前，必須等待價格的回落。

動量指標也可作為一個主要指標。這種方法認為，市場整體上升的主要特徵是快速的價格增長。當每個人預計到價格會走高時，事情經常是這樣的。但是，它也是一個比較寬泛的概念。

當市場整體上升時，動量指標會急邊地攀爬然后回落，從持續上升或兩邊運動的價格移動中分離出來。類似地，當市場探底時，動量指標會急邊地下降，然后爬升到其他價格之上。這兩種情況都會導致指標和價格的分離。

(8) 移動平均振蕩指標（Moving Average of Oscillator, OSMA）。

它是由 MACD 指標計算而來的，該指標當作一個判斷 MACD 是否加速的指標，通常需要和 MACD 指標結合一起使用，用於判斷 MACD 是否加速。OSMA = MACD - SIGNAL，OSMA 的值即為 MACD 中兩個主要指標線的差值。

OSMA 指標的一般分析使用方法：

①當 OSMA 停止遞減，開始上升時，可以做多（買進）。②當 OSMA 停止遞增，開始下降時，可以做空（賣出）。③如果以上兩個信號和價格走勢背離同時出現了，則買賣信號就更可靠了。

(9) 相對強弱指數技術指標（Relative Strength Index, RSI）。

RSI 是追尋震盪指標的價格。該震盪指標的取值範圍為 0~100。RSI = 100 - [100/(1+U/D)]，其中 U 是 N 天內收市價上漲數之和的平均值；D 是 N 天內收市價下跌數之和的平均值。一般使用一個 14 天的 RSI 指標，同時使用 9 天和 25 天的 RSI 指標也非

常地普遍。根據常態分配，RSI 值多在 30～70 中變動，通常 80 甚至 90 被認為市場已到達超買狀態（Overbought），至此市場價格自然會回落調整。當價格低跌至 30 以下即被認為是超賣（Oversold），市價將出現反彈回升。

RSI 的應用分析方法：

①由算式可知，$0 \leqslant RSI \leqslant 100$。$RSI = 50$，為強勢市場與弱勢市場分界點。通常設 RSI>70 為超買區，市勢回擋的機會增加；RSI<30 為超賣區，市勢反彈的機會增加。

②一般而言，RSI 掉頭向下為賣出訊號，RSI 掉頭向上為買入信號。但應用時宜從整體態勢的判斷出發。

③背離現象。當 RSI 處於高位，但在創出 RSI 近期新高后，反而形成一峰比一峰低的走勢，而此時 K 線圖上的金價再次創出新高，形成一峰比一峰高的走勢，這就是頂背離。頂背離現象一般金價在高位即將反轉的信號，表明金價短期內即將下跌，是賣出信號。RSI 的底背離一般出現在 20 以下的低位區。當 K 線圖上的金價一路下跌，形成一波比一波低的走勢，而 RSI 線在低位却率先止跌企穩，並形成一底比一底高的走勢，這就是底背離。底背離現象一般預示著金價短期內可能反彈。這是短期買入的信號。

④形態分析。當 RSI 曲線在高位（50 以上）形成 M 頭或三重頂等高位反轉形態時，匯價的上升動能已經衰竭，匯價有可能出現長期反轉行情，投資者應及時地賣出。當 RSI 曲線在低位（50 以下）形成 W 底或三重底等低位反轉形態時，匯價的下跌動能已經減弱，匯價有可能構築中長期底部，投資者可逢低分批建倉。

⑤RSI 由下往上走，一個波谷比一個波谷高，構成上升支撐線；RSI 由上往下走，一個波頂比一個波頂低，構成下降壓力線。跌破支撐線為賣出信號，升穿壓力線為買入信號。

⑥N 日 RSI 的 N 值常取 5～14 日。N 值愈大，趨勢感愈強，但有反應滯后傾向，稱為慢速線；N 值愈小，對變化愈敏感，但易產生飄忽不定的感覺，稱為快速線。因此，可將慢速線與快速線進行比較與觀察。若兩線同向上，升勢較強；若兩線同向下，跌勢較強。若快速線上穿慢速線，為買入信號；若快速線下穿慢速線，為賣出信號。

(10) 相對能量指數指標（Relative Vigor Index，RVI）。

該指標衡量市場上升和下降的能力，用來預測以后價格的走向。RVI =（CLOSE-OPEN）/（HIGH-LOW）。它由兩條不同顏色的曲線組成：一條為 RVI 主曲線（綠色），另一條為信號線（紅色）。

RVI 指標的具體使用方法為：①當信號線由上往下穿過 RVI 線時，是可能性的買入信號。②當信號線由下往上穿過 RVI 線時，是可能性的賣出信號。

(11) 隨機指標（Stochastic Oscillator）。

隨機震盪指標（Stochastic Oscillator）是由 George Lane 在 19 世紀 50 年代發明的一種震盪指標。和其他的動能指標不同的是，隨機震盪指標計算的是某一投資產品的收盤價與過去某一階段內價格區間之間的比率。因此隨機震盪指標使用的邏輯是，當收盤價處於過去一段時間內價格區間 50% 以上，視為價格具有上漲動能；反之，當收盤價處於過去一段時間內價格區間的 50% 以下，視為價格具有下跌動能。

隨機震盪指標主要由兩條線組成:%K 快線和%D 慢線。作為動能指標，隨機震盪指標主要在 0~100 波動。和其他的震盪指標一樣，該指標具有超買和超賣的區域、看漲/看跌背離信號。不同的是，隨機震盪指標也具有看漲和看跌的趨勢線交叉功能。

計算方法：產生 KD 以前，先產生未成熟隨機值 RSV。其計算公式為：N 日 RSV = $[(C(t)-L(n))/(H(n)-L(n))]\times 100$。對 RSV 進行指數平滑，就得到如下 K 值：今日 K 值=2/3×昨日 K 值+1/3×今日 RSV。式中，1/3 是平滑因子，是可以人為選擇的，不過目前已經約定俗成，固定為 1/3 了。對 K 值進行指數平滑，就得到如下 D 值：今日 D 值=2/3×昨日 D 值+1/3×今日 K 值。式中，1/3 為平滑因子，可以改成別的數字，同樣已成約定，1/3 也已經固定。

使用方法：從 KD 的取值方面考慮，80 以上為超買區，20 以下為超賣區。KD 超過 80 應考慮賣出，低於 20 就應考慮買入。從 KD 指標的交叉方面考慮，K 上穿 D 是金叉，為買入信號。金叉在超賣區出現或進行二次穿越較為可靠。

KD 指標的背離：①當 KD 處在高位，並形成依次向下的峰，而此時匯價形成依次向上的峰，叫頂背離，是賣出的信號。②當 KD 處在低位，並形成依次向上的谷，而此時匯價形成依次向下的谷，叫底背離，是買入信號。

金叉和死叉：由於慢性隨機指標中使用了移動平均線的概念，因此使用快線和慢線的交叉也可以被視為交易信號。這樣的交叉在超買和超賣區域出現后更為重要。

（12）威廉指標（Williams' Percent Range）。

威廉指標（Williams' Percent Range）是由 Larry Williams 發明的，簡稱%R 指標。該指標是用來顯示其市場超買、超賣區的，其數值在 0~100 中波動，但是為了在指標中表示其上下的運動，我們一般把 0 放在上，把 100 放在下，加上負號。該指標的具體計算方式為：%R ＝ (HIGH(i-n)-CLOSE)/(HIGH(i-n)-LOW(i-n))×100

該指標的具體分析為：①如果指標超過了-20，就是超買現象；如果指標低過了-80，就是超賣現象。②如果指標超過了-20，回頭又跌破了-20，這時就是可能性的賣出信號；如果指標低過了-80，回頭又穿過了-80，這時就是可能性的買進信號。③當指標到 0，表示收盤價等於前面時段週期內的最高價。當指標到-100，表示收盤價等於前面時段週期內的最低價。故當指標回到 0，又回頭到了 5~15，就是賣出的信號；當指標到 100，回頭又穿過-85~-95 時，就是買進的信號。

3. 成交量

（1）成交量指標（Volumes）。

成交量大，表示投資者的興趣大；成交量小，表示投資者的興趣小。因為外匯是一個全球性的比較分散的市場，市場交易量很大，很難統計其全球的成交量，所以我們把它視為在指定的時間段內的市場總的報價次數。在指標表示中，我們把現時間段內的報價次數比上個時間段的報價次數多和少分別用不同的顏色來表示，多用綠色，少則用紅色。顏色的選擇是可以在屬性裡調整的。

該指標的具體分析方法為：

如果成交量高，表示市場人參與地多，興趣大，這樣可能會更鞏固一個趨勢，或者是一個新的趨勢的開始；如果成交量低，表示市場人參與地少，興趣小，這樣可能會是一個逆轉的趨勢，或者表示市場趨勢比較穩定，沒有大的波動。如果成交量突然增加或減少，表示一個可能的逆轉；如果成交量漸漸地降低，表示價格變動比較快速。建議將成交量指標（Volumes）和其他指標一起使用。

（2）平衡交易量（On Balance Volume，OBV）。

人們更多地稱其為能量潮。它是 Granville 在 20 世紀 60 年代提出來的。該指標的

理論基礎是：①市場價格的有效變動必須有成交量配合。②量是價的先行指標。利用 OBV 可以驗證當前價格走勢的可靠性，並可以得到趨勢可能反轉的信號。比起單獨使用成交量來，OBV 看得更清楚。OBV 線是預測市場短期波動的重要判斷指標，能幫助投資者確定價格突破盤局后的發展方向。同時，OBV 的走勢，可以局部顯示出市場內部主要資金的流向，有利於告示投資者市場內的多空傾向。一般來說，只是觀察 OBV 的升降並無多大意義，必須配合 K 線圖的走勢才有實際的效用。

假設已經知道了上一個交易日的 OBV，則：今日 OBV = 昨日 OBV + sgn ×今天的成交量，sgn = +1 表明今日收盤價≥昨日收盤價，sgn = -1 表明今日收盤價<昨日收盤價。這裡的成交量指的是成交股票的手數，不是成交金額。sgn = +1 時，其成交量計入多方的能量；sgn = -1 時，其成交量計入空方的能量。

OBV 的應用法則和注意事項：

①OBV 不能單獨使用，必須與股價曲線結合使用才能發揮作用。

②OBV 曲線的變化可確認當前股價變化趨勢。

當股價上升（下降），而 OBV 也相應地上升（下降），則可確認當前的上升（下降）趨勢；當股價上升（下降），但 OBV 並未相應地上升（下降），出現背離現象，則對目前上升（下降）趨勢的認定程度要大打折扣。OBV 可以提前告訴我們，趨勢的后勁不足，有反轉的可能。

③形態學和切線理論的內容也同樣適用於 OBV 曲線。

④在股價進入盤整區后，OBV 曲線會率先顯露出脫離盤整的信號，向上或向下突破，且成功率較大。

⑤由於 OBV 的計算方法過於簡單化，因此容易受到偶然因素的影響。為了提高 OBV 的準確性，可以採取多空比率淨額法對其進行修正。多空比率淨額 = [（收盤價-最低價）-（最高價-收盤價）] ÷（最高價-最低價）×V。該方法根據多空力量比率加權修正成交量，比單純的 OBV 法具有更高的可信度。

（3）集散指標（Accumulation/Distribution，A/D）。

集散指標是由價格和成交量的變化決定的。成交量在價格的變化中充當重要的權衡系數。系數越高（成交量），價格的變化的分佈就越能由這個技術指標體現（在當前

時段內)。實際上,這個指標是另外一個更普遍使用的能量潮指標成交量的變體。這兩個指標都通過衡量各自的銷售成交量來確認價格的變化。

當離散指標上升時,就意味著累積(購買)了某一貨幣,因為此時,占絕對份額的銷售成交量與正在上升的價格趨勢相關。當該指標下降時,意味著分配(賣出)某一貨幣,此時在價格運動下降的同時,有更多的銷售正在進行。

離散指標和匯價之間的差異表明即將到來的價格變化。原則上,在這樣的差異情況下,價格的趨勢會向著該指標移動的方向順時移動。因此,如果該指標增長時,匯價相應下降,那麼我們可以預料到價格的回落。

從該指標的當前值中添加或減去一定份額的當日交易量。收市價越接近當天最高價時,被添加的份額越大。收市價越接近當天最低價時,被減去的份額越大。如果收市價正好在當天最高和最低價格之間,那麼這個指標值不變。

(4) 資金流量指數指標 (Money Flow Index)。

資金流量指標 (MFI) 是測算資金投入匯市並收回的速率的技術指標。MFI(資金流量指標)= 100 - [100 / (1 + MR)],MR (資金比率) = Positive Money Flow (PMF) /Negative Money Flow (NMF),MF = TP * VOLUME,其中 TP (典型價格) = (HIGH + LOW + CLOSE) /3。如果當天的典型價格高於昨天的典型價格,那麼資金流量指數應該是個正數。如果今天的典型價格低於昨天的典型價格,那麼資金流量的指數應該是個負數。資金流量指數值,如果超過 80 或者是低於 20 的話,那麼分別可以表明市場潛在的上升或探底趨勢。

4. 比爾·威廉姆指標

(1) 加速震盪指標 (Accelerator Oscillator,AC)。

這是一個領先指標 (Leading Indicator),就是指在市場趨勢變化之前,該指標會提前改變其運動方向,給人以警示,以達到指導我們進行買賣的目的。AC 指標是由零點線和兩種不同顏色的走勢欄組成的。零點線基本上是一條自定義標準的平衡線。我們可以用綠色欄表示趨勢向上,用紅色欄表示趨勢向下,這樣我們就可以用 AC 指標的走勢欄來分析當前市場趨勢的變化了。如果我們能夠意識到 AC 指標的提前預警信號,就會給我們做單帶來明顯的優勢。AC = AO-SMA (AO,5),其中 AO = SMA (中間價,5)

-SMA（中間價,34）。

AC 指標的具體分析為：如果在零點線之上，有兩條綠色就可以做「買」單；如果在零點線之下，有三條綠色就可以做「買」單；如果在零點線之上，有三條紅色就可以做「賣」單；如果在零點線之下，有兩條紅色就可以做「賣」單。

（2）鱷魚線指標（Alligator）。

鱷魚線指標是 Bill Williams 發明的。它由三條不同顏色的移動平均線組合而成，分別為藍色線條（代表鱷魚的下巴）、紅色線條（代表鱷魚的牙齒）、黃色線條（代表鱷魚的嘴唇）。藍線＝SMMA（中間價，13，8），紅線＝SMMA（中間價，8，5），綠線＝SMMA（中間價，5，3），其中 SMMA 是順暢移動平均線。

當三條線糾纏在一起時，我們可以看做鱷魚在睡覺。這種情況下市場行情是比較穩定的，沒有什麼大的趨勢，而當三條線分開時，可以看做鱷魚睡醒了，此時表明市場會活躍起來。當價格在分開的三條線之上時，指示市場有上升趨勢，此時要「買入」；當價格在分開的三條線之下時，指示市場有下跌趨勢，此時要「賣出」；當三條線再次糾纏在一起時，就要平倉了。

（3）動量震盪指標（Awesome Oscillator，AO）。

AO 指標用於顯示當前市場的發展趨勢，以柱形圖的形式表現出來。它是用零點中央線和兩條不同顏色的柱狀形來表示的。在零軸之上表示是正值，零軸之下表示是負值。AO＝SMA（中間價，5）-SMA（中間價，34）。指標顏色變化規律：在交易軟件中，柱線圖分為紅、綠兩種顏色。它們圍繞一根零軸線運動。當最新的一根柱線高於前一根柱線時，它就是綠色的；相反，當最新的一根柱線低於前一根柱線時，它就是紅色的。

AO 指標（動量震盪指標）的一般分析使用方法：

①穿越零線（Zero Line Cross）：當柱形圖從下往上穿越零點線時就做多（買）；當柱形圖從上往下穿越零點線時，就做空（賣）。

②茶碟形（Saucer）：在零點線之上，有兩條紅色柱（代表價格下降），其后面緊跟著一條綠色柱（代表價格上升）時，是做多（買入）信號；在零點線之下，有兩條綠色柱，其后面緊跟著一條紅色柱時，是做空（賣出）信號。

③雙頂（Twin Peaks）：在零點線之下，出現兩個底頂，當第二個頂比第一個頂更接近零線，且后面緊跟一條綠色柱時，是做多（買入）信號；在零點線之上，出現兩個高頂，當第二個高比第一個高更接近零點線且后面緊跟著一條紅色柱時，是做空（賣出）信號。

(4) 分形指標（Fractals）。

分形指標表示市場趨勢轉彎的最高值和最低值。分形形成在圖表上連續的五條柱周圍，開始的兩條柱連續地上漲（或下跌），最后的兩條柱連續地下跌（或上漲）。同時，中間的一條柱達到五條柱的最高值（或最低值）。向上面的指針就是買進的分形，向下面的指針就是賣出的分形。

(5) 鱷魚振蕩指標（Gator Oscillator）。

Gator Oscillator（鱷魚振蕩指標）是由發明鱷魚指標的 Bill Williams 發明的。該指標是根據鱷魚指標計算出來的。它由一條零點線和兩種不同顏色的柱線組成。Gator 指標是在鱷魚線指標的基礎上發展而來的。鱷魚指標的三個參數默認值為：下頜（13），牙齒（8），嘴唇（5）。Gator 指標就是由鱷魚指標的這三條線的值計算出來的。在 Gator 指標中，下頜和牙齒之間距離的差的絕對值，畫在零線以上，而嘴唇和牙齒之間距離的差的絕對值，畫在零線之下。指標顏色變化規律：當最新的一根柱線（絕對值）高於前一根柱線時，它就是綠色的；相反，當最新的一根柱線（絕對值）低於前一根柱線時，它就是紅色的。

Gator 鱷魚振蕩指標的一般分析使用方法：

①當柱狀圖數值大時，表示有逆轉的可能性。②當柱狀圖數值小時，表示可能保持以前的趨勢運行。

(6) 市場促進指數指標（Market Facilitation Index）。

市場促進指數指標(Market Facilitation Index)簡稱 BW MFI 或 MFI，是由 Bill Williams 發明的。MFI 指標用來衡量成交量對價格的影響。MFI =（HIGH（最高價）-LOW（最低價））/VOLUME(成交量)。它是用四條不同顏色的柱狀圖線來表示的。MFI 上升，成交量上升用綠線（顏色是可以更改的）來表示；MFI 下降，成交量下降用墨紅線（顏色是可以更改的）來表示；MFI 上升，成交量下降用藍線（顏色是可以更改的）來表示；

MFI 下降，成交量上升用粉紅線（顏色是可以更改的）來表示。

MFI 指標的具體分析為：①MFI 上升，成交量上升，表示價格現有的趨勢會保持繼續；MFI 下降，成交量下降，表示價格現有的趨勢可能已經結束了。②MFI 上升，成交量下降，表示現有的價格趨勢已經沒有了維持的動力，不會持續太久。③MFI 下降，成交量上升，表示現有趨勢可能會出現一個逆轉；現若沒有趨勢，表示會出現一個強的趨勢。

5. 自定義

（1）SimplePanel：設定狀態欄單個區域的文本/設定狀態欄組件區域。

（2）Heiken-Ashi：Heiken-Ashi 燭圖是另外一種蠟燭圖。雖然看起來和一般的陰陽燭圖很相似，但是它們在計算方式上有著基本的不同。陰陽燭圖標示一個時段的開盤價（O）、收盤價（C）、高價（H）和低價（L）。Heiken-Ashi 燭圖也有這 4 個價位，但是計算方式不同，而且不像陰、陽燭圖中每根蠟燭都是獨立的，和前面沒有聯繫，它的每根蠟燭和前一燭是聯繫起來的。

Heiken-Ashi 燭四個價位的計算如下：開盤價=（前燭 O+前燭 C）/2；收盤價=（O+C+H+L）/4；高價=最高值（H，O，C）；低價=最低價（L，O，C）。

在計算開盤價時要用到前燭的開盤價、收盤價，而收盤價、高價、低價都會用到開盤價，故也都受前燭的影響。因此，Heiken-Ashi 燭圖比陰、陽燭圖慢，它的信號延遲了，就同用移動平均線來交易一樣。但是延遲也有一定的好處，例如當交易像 GBPJPY 這樣波動較大的貨幣對時，可以避免一些用假信號來交易的錯誤。

解讀 Heiken-Ashi 燭圖：

①牛市燭：有著較長燭身和上陰影，但是沒有下陰影，這是牛市最強的燭。下陰影加長、燭身減短，顯示牛市減弱。牛市燭多用白色或綠色等表示。②熊市燭：有著較長燭身和下陰影，但是沒有上陰影，這是熊市最強的燭。上陰影加長、燭身減短，顯示熊市減弱。熊市燭多用紅色表示。③逆轉燭：有點類似陰陽燭圖中的十字星或旋轉陀螺，上、下陰影都比較長，但燭身很短。

（3）iExposure：倉位統計指標，對已成交倉位進行統計。

Zigzag 指標：連接一系列價格點的趨勢線。Zigzag 的主要用途是標示過去價格中的

相對高低點，並以這些點之間的連線來表示這段價格變動的趨勢。在趨勢交易中，我們往往需要尋找前期的高點和低點，然后連線，畫出走勢的波浪，來確定趨勢的方向和寬度。

使用時 Zigzag 時，有下面三點需要注意：

①這個指標會根據最新的價格改變最后的連線，就是有些人說到的含有未來函數問題。因此，最后的連線不能作為最終的高點和低點，使用的時候要注意。

②既然是指標，那麼它是嚴格計算的結果。可是，在實際應用中，往往過於古板，不能適應行情的變化。不過大部分時候是正確的。你會發現，行情的波浪一覽無余。

③根據 Zigzag 畫出最近高點和低點的水平線和趨勢線。這對行情的判斷具有極大的幫助。在畫趨勢線的時候，可以先參考 Zigzag，再根據自己的判斷畫，可能更好。

(八) ForexMT4 軟件中畫圖分析

所有對象在「插入」菜單中可以使用「畫線分析」工具操作。在列表中所選定的對象可以放入圖表（或指標窗口）。

1. 直線

(1) 水平線，用來標示不同的水準。特別是用來標示支撐和阻力位。支撐位是指當價格受買方（多頭）控制時，阻止其下跌的水準。阻力位則相反，是指當價格受賣方（空頭）控制時，抑制其進一步上漲的水準。

(2) 垂直線，一般用於在時間軸上標示不同的界限或用於技術指標信號和動態價位的比較。

(3) 趨勢線，便於揭示價格趨勢。為了設定趨勢，您必須確定兩點位置，然后接連這兩個點形成一條線。

(4) 角度趨勢線有助於揭示價格的發展走勢。與簡單的趨勢線相比，運用此工具您可設置趨勢線度數。

2. 通道

(1) 斐波納奇通道。畫出斐波納奇通道需用寬度隔開。不同於斐波納奇序列，數據參數的寬度為 0.618 倍，然后 1.000、1.618、2.618、4.236，依次相承。此工具是運

用決定的趨勢線上兩點來創建的。

（2）線性迴歸通道。線性迴歸是統計學的分析工具。它基於可利用數據預測今后的價值。在上漲趨勢下，假設下一個棒圖將高於前一個棒圖。在這種邏輯假設下，線性迴歸方法可獲得此假設的統計確定。您需要設定兩個點創建這一工具。

（3）等距通道（平行線）是指一種趨勢通道。這類通道線總是平行的。為創建這種工具，您必須確定兩個點。

（4）標準偏差通道。標準偏差是指用統計的方法測量波動性。標準偏離影響此通道的寬度。您必須調整兩個點來創建此工具。

3. 江恩線（甘氏線）

（1）甘氏45度線是45度角的趨勢線。您必須設定兩個點來創建此工具。

（2）甘氏扇形線是從一點以不同角度畫出的一組趨勢線。1x1 趨勢線（45度）是最重要的一條線。如果價格曲線高於此線，意味著市場向好；如果低於此線，市場向淡。1x1（45度）甘氏扇形線被認為是在上升趨勢下的一條強大的支撐線，突破此線被認為是一轉向信號。您需要設定兩點來創建甘氏扇形線。

（3）甘氏網格線是一條45度角的網格線。您必須設定2個點來創建此工具。

4. 斐波納奇線

（1）斐波納奇回調線是 Leonardo Fibonacci 發現的數字邏輯推論，即每一個隨后的數據是前兩個數字的總和：1、1、2、3、5、8、13、21、34、55、89、144 等。每個數據約等於前一個的1.618倍，且前一數據相對於后一數據的0.618。此工具是運用決定的趨勢線上兩點來創建的。先畫出 9 條水平線。斐波納奇水平為：0.0%、23.6%、38.2%、50%、61.8%、100%、161.8%、261.8%和423.6%。然后確保斐波納奇回調線與趨勢線交叉。

（2）斐波納奇時間週期線是以斐波納奇的時間間隔1、2、3、5、8、13、21、34 等畫出的許多垂直線。假定主要的價格變化在這些線附近，運用確定的單位時間間隔長度的兩點來創建此工具。

（3）斐波納奇扇形線。此工具是運用確定的趨勢線的兩點來創建的。先通過第二點畫出一條「無形的（看不見的）」垂直線。然后，從第一個點畫出第三條趨勢線，

並與斐波納奇水平為 38.2%、50% 和 61.8% 的無形垂直線交叉。預期主要的價格變化位於這些線附近。

（4）斐波納奇弧線。此工具是運用確定的趨勢線的兩點來創建的。三條弧線均以第二個點為中心畫出，並在趨勢線的斐波納奇水平 38.2%、50% 和 61.8% 交叉。主要的價格變化被預期位於這些線附近。

（5）斐波納奇擴展。運用畫出兩條波浪的三個點來創建此工具。然后畫出三條線，與斐波納奇水平 61.8%、100%、161.8% 的第三條「無形」線交叉。預期主要的價格變化位於這些線附近。

5. 安德魯分叉線

運用三個點並畫出三條平行走勢線，用來創建此工具。第一條趨勢線從三點中最左邊點（此點為重要的頂點）開始，剛好畫在最右邊兩點中間。此線相當於分叉線的手。然后，第二條和第三條趨勢線從最右端兩點開始平行於第一條線畫出（這是重要的最高點和最低點）。這些線相當於交叉線的牙齒。安德魯交叉線的理論是基於支撐和阻力線的標準原理。

6. 循環週期線

此工具畫出相等時間間隔的許多垂直線。通常地，單位時間間隔對應一個週期。在這種情況下，通過假定的這些線描述未來的週期。通過運用兩個點及確定單位時間間隔的長短，創建此工具。

7. 圖形

使用幾何體（矩形、三角形、橢圓形）在報價圖表中標明不同的區域。

8. 箭頭

使用符號（箭頭、測試和停止符號）在報價圖表中突出標明重要的事件。

9. 文字

文字用於在圖表中進行註釋。它會隨圖表滾動。

10. 文字標記

文字標記被附加在另一窗口，不存在於圖表中。圖表滾動時，文字標記將不會移動。

三、實訓案例

(一) K 線理論應用

1. 單根 K 線的應用

(1) 紡錘線：實體較短，上下影響較長，說明買賣雙方猶豫不決或者勢均力敵。如圖 3-37 所示，當上升趨勢中出現紡錘線時，說明買家已經喪失優勢，可能出現反轉；同理，在下降趨勢中出現，可能出現反轉。紡錘線是比較常見的反轉信號。在明顯的趨勢出現錘頭或吊頂時，牛熊市反轉的信號非常明顯。

圖 3-37　紡錘線應用

(2) 十字線：開收盤價差不多，說明買賣雙方反覆較量后勢均力敵。十字線往往出現在波谷或者波峰。分析十字線應結合前后 K 線來判斷。如圖 3-38 所示，十字線出現在下跌趨勢的底部，十字線前有樹根較長實體的陰線，十字線后緊跟著較長實體的陽線。這一般稱為早晨之星或黎明之星，是明顯的反轉信號。十字線並不嚴格要求開收盤價一致，但要求開收盤價相差不大，有較長的上下影線。無論是在長期趨勢還是次要趨勢當中，出現十字線都是比較明顯的反轉信號。

圖 3-38　十字線應用

（3）實體線：不存在影線，表明很強的買方信號或賣方信號。實體線越長，信號越強。實體陽線表明買家一直處於主導地位，經常成為牛市持續或熊市反轉的信號；實體陰線則成為熊市持續或牛市反轉的信號。如圖 3-39 所示，19 日的實體陽線並沒有成為反轉的信號，只是日常波動，而 23 日的實體陽線成為了熊市反轉的信號。在實際匯率走勢當中，實體線並不常見，且也不是一出現就有明顯的信號，故還是應該參考實體線的位置。在持續的牛市的頂部出現實體陰線時，牛市反轉的信號比較強；在持續的熊市的底部出現實體陽線時，熊市反轉的信號比較強。

圖 3-39　實體 K 線應用

2. 多根 K 線的應用

(1) 烏雲蓋頂：在價格出現陽線上漲之后，又出現陰線，且該陰線價格落到前陽線實體 1/2 以下。這一組合常在市勢已經大漲一段，甚至在創下天價的時候出現，表示市勢逆轉。

(2) 傾盆大雨：出現在上漲趨勢中；由一陰一陽 2 根 K 線組成；先是一根大陽線或中陽線，接著出現了一根低開的大陰線或中陰線，陰線的收盤價已經低於前一根陽線的開盤價。其技術含義為：見頂信號，后市看跌。見頂信號強於烏雲蓋頂，陰線實體低於陽線實體的部分越多，轉市信號越強。

(3) 平頂又稱鉗子頂：出現在上漲趨勢中；由兩根或兩根以上的 K 線組成；最高價處在同一水平位置上。其技術含義為：見頂信號，后市看跌。

(4) 好友反攻：出現在下跌行情中；由一根陽線、一根陰線兩根 K 線組成；先是一根大陰線，接著跳低開盤，結果收了一根中陽線或大陽線，並且收在前一根 K 線收盤價相同接近的位置上。其技術含義為：見底信號，后市看漲。

(5) 曙光初現：出現在下跌趨勢中；由一陽一陰兩根 K 線組成；先是出現一根大陰線或者中陰線，接著出現一根大陽線者中陽線。陽線的實體深入陰線實體的 1/2 以上處。其技術含義為：見底信號，后市看漲。陽線實體深入陰線實體的部分越多，轉市信號越強。轉勢信號強於好友反攻。

(6) 旭日東升：出現在下跌趨勢中；由一陽一陰兩根 K 線組成；先是一根大陰線或者中陰線，接著出現一根高開的大陽線或中陽線。陽線的收盤價已高於前一根陽線的開盤價。其技術含義為：見底信號，后市看漲。陽線實體深入陰線實體部分越多，轉勢信號越強。見底信號強於曙光初現。

(7) 紅三兵：出現在上漲行情初期；由 3 根連續創新高的小陽線組成。其技術含義為：買進信號、后市看漲。當 3 根小陽線收於最高點時，稱為 3 個白色武士。3 個白色武士拉開匯價的作用要強於普通的紅三兵，投資者應引起足夠重視。

K 線僅用於觀察價格，故應用時，應配合成交量觀察買方與賣方的強弱狀況，找出價格支撐與壓力區。分析 K 線的時候應結合成交量、空間和時間綜合分析，以更準確地判斷匯率的走勢。

(二) 趨勢理論應用

1. 趨勢線的有效突破

如圖 3-40 所示，在歐元兌美元的日線圖中，這條趨勢線被觸及多次，且趨勢線的斜率較小，可靠性較高，可以被認為是一條有效的趨勢線。在趨勢線第一次被突破時，儘管匯價向下跌破了上升趨勢線，匯價持續兩天以上跌破，但是第一天收盤價跌破趨勢線的幅度較小，收盤價跌破約 27%，且匯價跌破上升趨勢線以後，並沒有跌破支撐位，匯價 1.081,9 的支撐位被觸及多次，多方力量搶回地盤，支撐位有效的支撐匯價繼續上升。因此此處趨勢線的突破並沒有出現反轉，不能被認為是有效的突破。而在第二次被突破時，匯價跌破上升趨勢線以後下降的幅度較大，收盤價跌破約 80%。如圖 3-41 所示，匯價跌破數天後支撐和阻力位互換，趨勢線有效突破，形成反轉，支撐和阻力位互換，下降趨勢確認。從下降趨勢線可以看出，下降趨勢線被觸及了三次，可以被認為是有效的趨勢線。

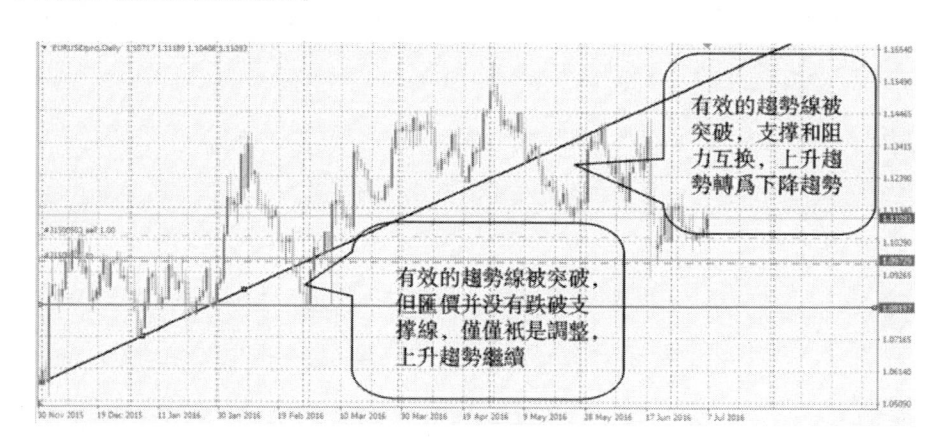

圖 3-40 趨勢線的應用

2. 支撐和阻力的轉換

從圖 3-41 可以看出，上升趨勢線和下降趨勢線都是有效的趨勢線。有效的趨勢線形成較強的支撐和阻力作用。當支撐和阻力轉換時，反轉信號明顯，上升趨勢轉為下降趨勢。從成交量來看，支撐和阻力轉換時的成交量有所上升，在下一個阻力位成交量再次上升。可見，投資者市場在跌破趨勢線以後不斷拋售歐元，進一步促成下降趨勢的形成。

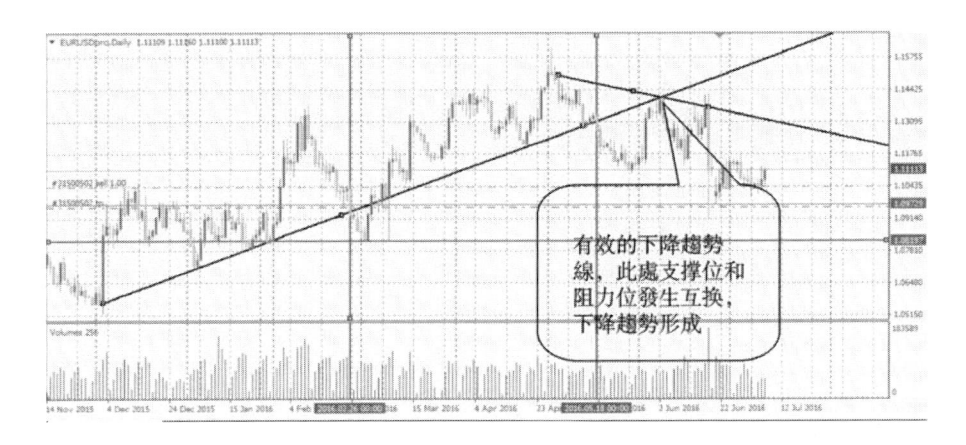

圖 3-41　支撐和阻力轉換

3. 通道線的突破

如圖 3-42 所示，通道線是和趨勢線平行的線。從歐元兌美元的上升趨勢來看，匯價基本在通道內運行。當通道線被突破以後，不像趨勢線被突破那樣出現反轉信號，匯價會在更寬的通道內運行並維持上升趨勢。

圖 3-42　通道線突破

4. 移動平均線的應用

如圖 3-43 所示，歐元兌美元的日線圖中，採用 20 日移動均線，形成金叉、支撐等買入信號，以及乖離、死叉、阻力等賣出信號。從圖 3-43 可以看出，20 日均線在日

K 線的應用中比較可靠。同時結合有效趨勢線，在支撐位的右側匯價與 20 日均線形成金叉，是比較重要的買入信號。當匯價的低谷未達到趨勢線時均線起到支撐作用，也是比較可靠的買入信號。在出現反轉時，可抓住死叉以及在阻力位及時地賣出以減少損失。

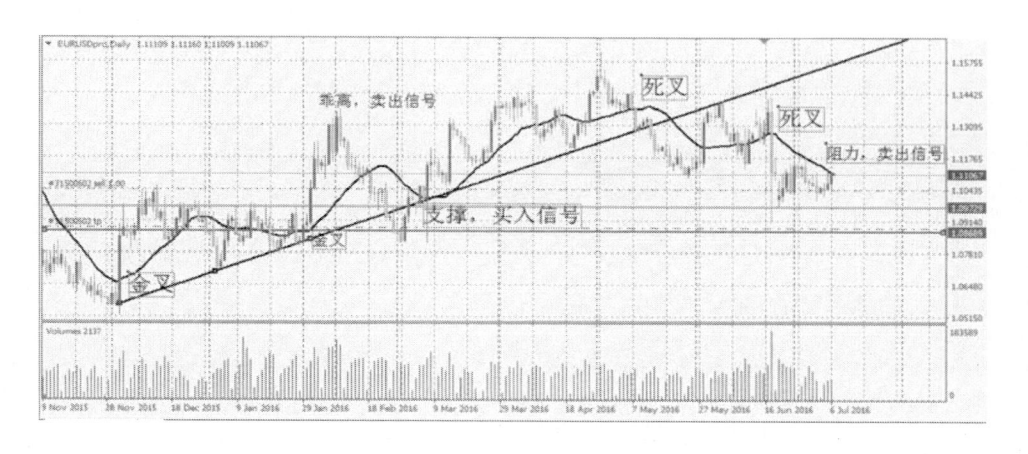

圖 3-43　單一移動均線運用

(三) 形態分析應用

1. 反轉形態——頭肩頂和頭肩底

如圖 3-44 所示，首先有明顯的上升趨勢，上升趨勢線越有效越好。頸線可以有較小的斜度，不嚴格要求頸線是水平的，頭部要明顯地高於左肩和右肩，左肩應高於右肩，右肩的位置應低於上升趨勢線，匯價達到左肩后繼續下跌跌破頸線的支撐位，回彈，頸線的支撐和阻力作用轉換，頭肩頂形態形成。E 點和 G 點是減倉的重要位置，因為頭部位置以及上升趨勢線被跌破時還很難判斷是否出現了反轉。如圖 3-45 所示，和頭肩頂形態相對應，頭肩底形態出現在長期持續的明顯的下降趨勢底部。在頸線的支撐和阻力作用互換時確認形態形成，但在底部形態中，成交量是非常重要的判斷依據，在底部反轉時應伴隨成交量的大量增加。這意味著市場的預期和行為都認同趨勢的反轉，在右肩和反彈的位置成交量明顯大幅增加。如圖 3-46 所示，在明顯的下降趨勢底部，下降趨勢線的阻力位逐漸減弱，在右肩的位置趨勢線的阻力位轉換成支撐位，同時伴隨一定的成交量的上升。阻力和支撐互換之後，匯價繼續上升之后反彈到頸線

位，連續四天的強力上升形成連續的大陽線。伴隨成交量的大幅增加，頭肩底形態形成，歐元兌美元走勢由下降趨勢反轉為上升趨勢。

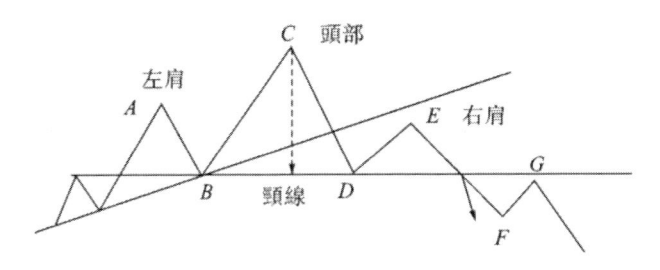

圖 3-44 頭肩頂

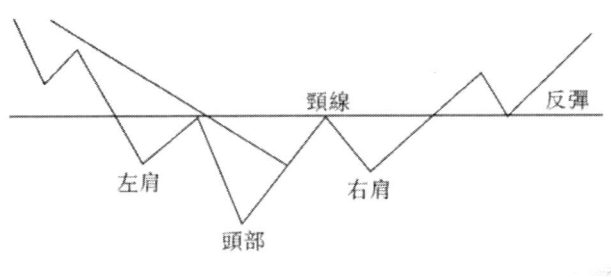

圖 3-45 頭肩底

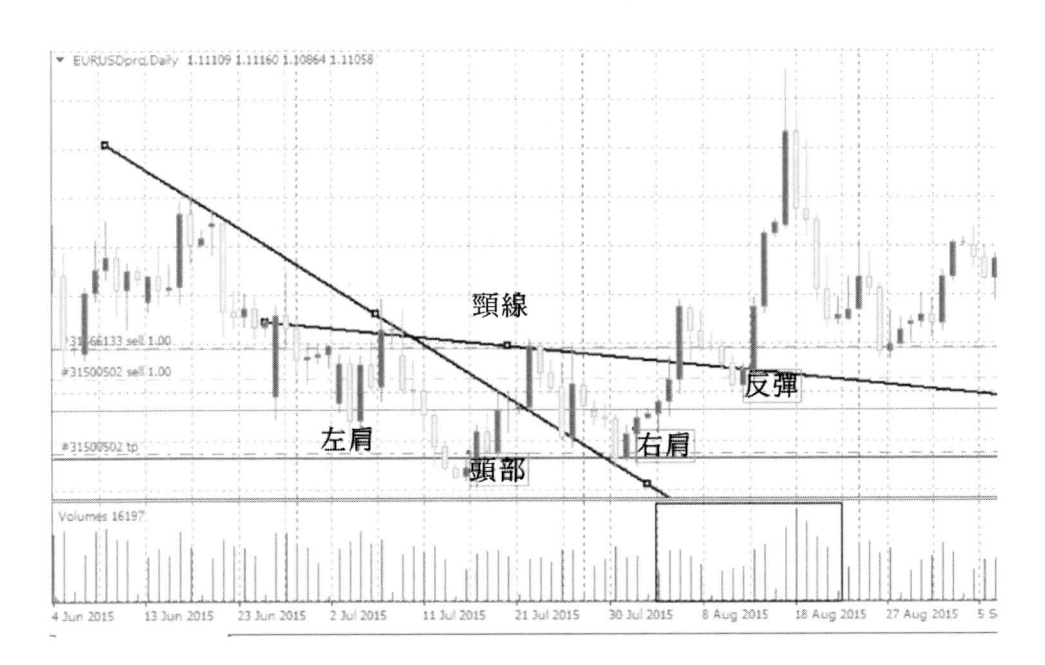

圖 3-46 頭肩底形態應用

2. 整理形態——三角形

對稱三角形是一種常見的整理形態（見圖3-47）。在整理形態內價格變動幅度逐漸減小，最高價逐漸降低，最低價逐漸提高，成交量也相應萎縮，形成一對稱三角形。在上升趨勢中，匯價於三角形底部1/2~3/4處以長陽線與大成交量配合突破。這是有效突破，表示即將展開新一輪上升趨勢。在下降趨勢中，匯價於三角形1/2~3/4處以長陰線向下跌破，跌後不久成交量放大。這為有效突破，且價格繼續下跌。如果匯價盤整至超過3/4處尚未突破，那麼三角形盤整形態基本失效。

在下降三角形中，低點的連線趨近於水平，高點的連線則往下傾斜，代表市場賣方的力量逐漸增加，高點隨時間而演變（見圖3-48）。越盤越低，而支撐的買方勢力逐漸轉弱，退居觀望的賣壓逐漸增加。在多方力量轉弱而賣壓逐漸增強的情況下，整理至末端，配合成交量的增加，而價格往下跌破的機會較大。

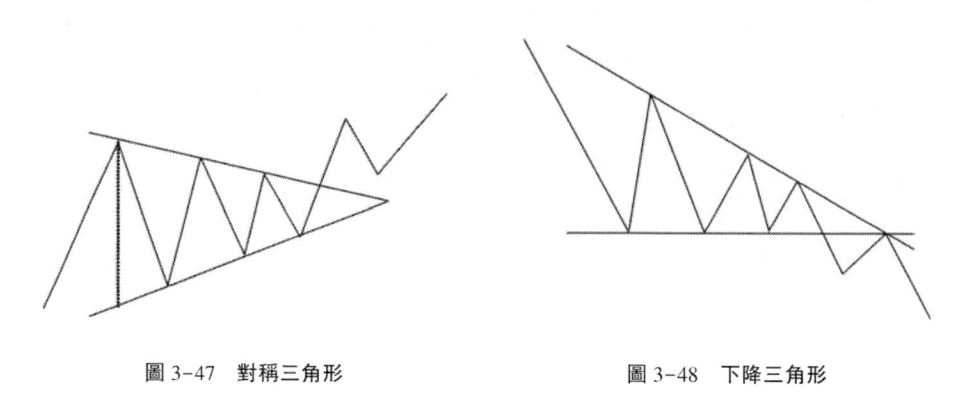

圖3-47　對稱三角形　　　　圖3-48　下降三角形

（四）技術指標應用

1. MACD應用

如圖3-49所示，使用MT4軟件默認的參數的MACD（8，13，9）指標分析歐元兌美元匯價走勢。MACD指標屬於震盪指標，主要用於短期趨勢的分析。當柱線在零線上方時，匯價呈上升趨勢。柱線越長，上升速度越快。當柱線縮短至零，上升趨勢逐漸減弱。當柱線在零線下方，匯價呈下降趨勢。柱線的長短意味著下降趨勢的強弱。當柱線從負值變為正值，下降趨勢轉換為上升趨勢。當柱線從正值變為負值，上升趨

勢轉換為下降趨勢。相對於 DIF 柱線，MACD 曲線反應次要趨勢的變化。當 MACD 由負值變為正值，認為上升趨勢形成，是買入信號；由正值變為負值，認為下降趨勢形成，是賣出信號。MACD 指標可以用來輔助反轉形態的判斷。另外，從 MACD 曲線的形態上看，當出現背離時，是可靠的上升和下跌信號。從圖 3-49 可以看出，當匯價與 20 日均線形成死叉時，DIF 由正值變成負值。當均線的支撐和阻力互換時，MACD 曲線從上向下穿過零線，反轉信號更可靠。

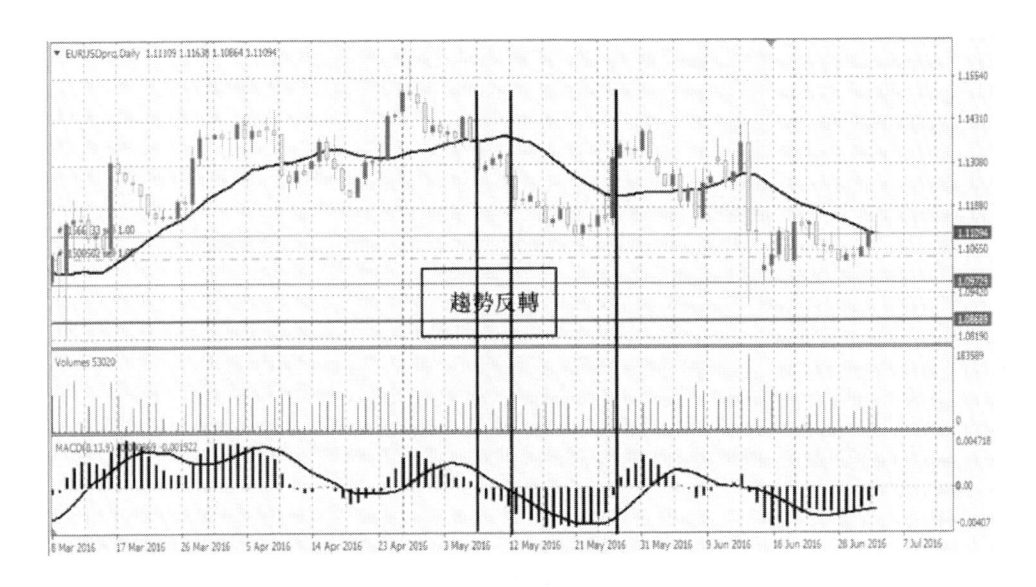

圖 3-49　MACD 應用

2. RSI 指標應用

如圖 3-50 所示，英鎊兌美元匯價走勢圖，當 RSI 指標值小於 50 時，匯價處於下降趨勢，為賣方市場；當指標值大於 50 時，匯價處於上升趨勢，為買方市場。當 RSI 指標值接近 80，處於超買狀態，匯價見頂；接近 20，處於超賣狀態，匯價見底。

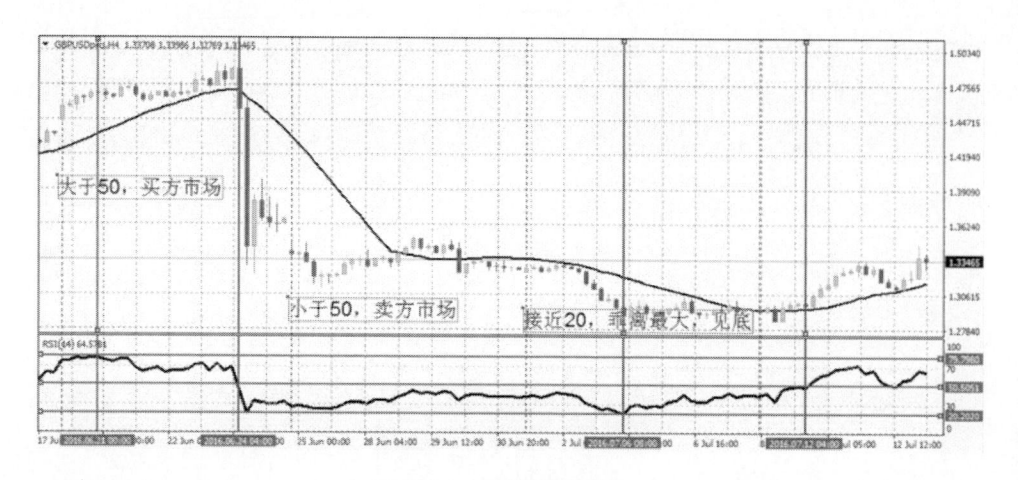

圖 3-50　RSI 指標應用

四、實訓任務

請同學們選擇一個貨幣對，分別通過 K 線、趨勢線、均線、技術指標等技術方法對貨幣對的匯價走勢進行分析，然後對匯價的未來走勢進行簡單判斷，並形成技術分析的匯評報告。

實訓四　個人外匯交易的技巧策略

一、實訓目的和要求

1. 瞭解個人外匯交易的技巧策略
2. 會簡單應用交易技巧和策略
3. 總結個人外匯模擬交易心得

二、實訓原理

1. 外匯交易的心理準備

外匯市場是一個強有效的市場。交易者面對大致相同的市場信息，運用類似的技術分析，在既定的交易規則下進行一場零和博弈，能否獲勝在很大程度上取決於交易者的心理狀態。

首先，要正確認識風險和回報。風險是指匯率變動產生的不確定性。基本分析和技術分析只是判斷可能的走勢，也就是一種概率，而不是100%的漲或者跌。回報是投資收益率，但不應該追求暴利。暴利來自於暴漲暴跌，同樣也會伴隨巨大的虧損，而長期達到25%的回報率就能躋身世界一流投資家的行列。其次，重倉交易和頻繁交易違背了資金管理的基本原則。這也是失敗的主要原因。

外匯交易應避免如下心態：盲目跟從、固執己見；猶豫不決、缺乏耐心；過度貪婪、心存僥幸；堅持過去的價位等。

2. 制定並執行交易策略

很多外匯交易者的方法都談不上最基本的完整。大部分只有行情分析，沒有倉位

管理等步驟。剩下的一部分人只有進場計劃而沒有出場計劃。有一部分人有出場計劃，但是出場策略和方式非常單一，既不系統也不完備。一個能夠取得持續成功的外匯交易者必然具備系統性交易的能力。一個長期失敗、偶爾成功的外匯交易者必然不具備系統性交易能力。

一個完整的交易系統包含了成功的交易所需的每項決策：

（1）入市準備。

基於趨勢分析和基本面分析，選擇交易對象。選擇熟悉的貨幣；選擇波動較大的貨幣；選擇利率較高的貨幣多頭。

出入市者應將閒錢作為入市資金，量力而行，從小額做起。

這就需要提前確定交易策略。止損目標位：根據個人經濟承受能力和心理承受能力，入市前確定一個虧損的資金額度。一旦達到就堅決全線撤出，不要存在僥幸心理。盈利目標位：沒有常勝將軍，設定盈利目標，不戀戰，不貪心。

短線交易使用順勢而為，快進快出，追漲殺跌。關鍵是設定止損點和止盈點。長線投資則可以採用逆向思維，適低買入，逢高退出。不需時刻關注或過多的分析，只需要足夠的耐心和信心。只需設立盈利點，不用設止損點。

（2）資金管理。

買賣多少既影響多樣化，又影響資金管理。多樣化就是在諸多投資工具上努力分散風險，並且通過抓住機會增加盈利。正確的多樣化要求在多種不同的投資工具上進行類似的下註。資金管理實際上是不下註過多以至於在良好的趨勢到來之前就用完自己的資金，以控制風險。買賣多少是交易中最重要的一個方面。

（3）開盤入市，建立頭寸。

入市策略：綜合考量技術分析和基本面分析；於傳言時入市，於事即時離場；局勢不明朗時不入市。

重勢不重價：注意力放在價格的未來走勢上；忘記過去的價位；只要有上漲空間就果斷入市；買漲不買跌。

倉位控制：先用較少資金適應市場方向建倉，然后再根據市場變動增加或減少倉位。

（4）調整持倉頭寸。

加碼或減碼的方法包括金字塔法、平均法、倒金字塔法。以投資者對行情的把握程度為依據，一開始就比較有把握採用金字塔法，否則可採用後兩種加碼方法。

持倉策略：保持頭腦清醒；不要頻繁交易；順勢而為，不要在賠錢時加碼；忍耐也是投資。

（5）止損及止損方法。

最重要的是在你建立頭寸之前預先設定退出的點位。止損是投資者規避風險、避免更大損失的一種反應。所有止損必須在進場之前設定。

止損是風險控制。一般單筆交易的風險控制的比例為3%，激進的控制比例為5%，職業投資者控制在2%。

定額止損：可根據個人承受能力設定。一般單筆交易控制的比例為3%，激進的控制比例為5%，職業投資者控制在2%。

技術止損：與趨勢相結合，選擇交易工具，把握止損位。具體包括：K線止損、趨勢止損、形態止損、技術指標止損等。技術分析可以作為止損位判斷的主要依據。

（6）離市退出盈利的頭寸。

「讓盈利最大化」是一種貪心的表現，因此明確盈利頭寸是至關重要的。

三、實訓任務

（1）總結這學期以來進行外匯模擬交易的交易心理和交易技巧，形成交易心得報告。

（2）對未平倉的交易設置止損和止盈價位，並說明原因。

（3）根據你的心得和分析，制訂交易計劃並制定策略。在建立新的倉位同時，設定止損位，並分析原因。

國家圖書館出版品預行編目(CIP)資料

外匯交易實驗實訓教程 / 趙朝霞主編. -- 第一版.
-- 臺北市：崧燁文化，2018.09
　面；　公分
ISBN 978-957-681-586-7(平裝)

1.外匯交易 2.外匯投資 3.投資技術

563.23　　　　107014295

書　名：外匯交易實驗實訓教程
作　者：趙朝霞 主編
發行人：黃振庭
出版者：崧燁文化事業有限公司
發行者：崧燁文化事業有限公司
E-mail：sonbookservice@gmail.com
粉絲頁　　　　　　網　址：
地　址：台北市中正區重慶南路一段六十一號八樓815室
8F.-815, No.61, Sec. 1, Chongqing S. Rd., Zhongzheng Dist., Taipei City 100, Taiwan (R.O.C.)
電　話：(02)2370-3310　傳　真：(02) 2370-3210
總經銷：紅螞蟻圖書有限公司
地　址：台北市內湖區舊宗路二段121巷19號
電　話：02-2795-3656　傳真：02-2795-4100　網址：
印　刷：京峯彩色印刷有限公司（京峰數位）

　　本書版權為西南財經大學出版社所有授權崧博出版事業有限公司獨家發行電子書及繁體書繁體版。若有其他相關權利及授權需求請與本公司聯繫。

定價：250 元
發行日期：2018 年 9 月第一版
◎ 本書以POD印製發行